検証　日本の社会主義思想・運動 1

大藪龍介

Ⅰ　山川イズム　日本におけるマルクス主義創成の苦闘

Ⅱ　向坂逸郎の理論と実践　その功罪

社会評論社

目次

向坂逸郎の理論と実践　その功罪

凡例

1 マルクス、エンゲルスの著論からの引用は『マルクス＝エンゲルス全集』、大月書店、レーニンの著論からの引用は、『レーニン全集』、大月書店、スターリンの著論からの引用は、『スターリン全集』、大月書店、にそれぞれより、巻、頁を略記号で表す。例えば、⑰－564は17巻の564頁であることを示す。同じ巻からの引用が続く際には、頁数のみを記す。

2 山川均の著論からの引用は、『山川均全集』、勁草書房により、巻、頁を略記号で表す。例えば、②－222は、2巻の222頁であることを示す。

3 その他の翻訳文献の引用については、著者・編者、翻訳者、『書作』、出版社、出版年を記す。

4 文中の〔　　〕は筆者（大藪）による挿入。

序

日本における社会主義思想・運動は、生成以来100年有余の歴史をもつが、今日ほど退潮し衰勢になったことはあるまい。戦後左翼勢力の主座を占めてきた社会党の消滅が表徴するように、日本の社会主義は危局に立たされている。

本書『検証　日本の社会主義思想・運動』は、その敗退の史的過程を分析し、思想・運動上の根拠を探索する。

19世紀末草創の日本社会主義は、大正デモクラシーを背景に、安部磯雄、片山潜、幸徳秋水、堺利彦、山川均らの先駆的事績を通じて礎石を築いた。

1917年のロシア革命、そしてソ連共産党・コミンテルンの世界共産主義思想・運動の興隆は、日本の社会主義思想・運動の展開にも深甚な影響を及ぼした。1922年の日本共産党の創立、その解散後の共産党の再建は、コミンテルンの強力な働きかけに依ったたし、1926年からの第二次共産党はあらゆる面でコミンテルンに服した。それとともに、日本のマルクス主義勢力は共産党と労農グループに分立し、社会民主主義勢力の建設せる無産政党はそれを支持する労働組合・農民組合ともども、中間派、右派に分化した。

このマルクス主義と社会民主主義の諸政派間の軋轢と対抗関係は、戦後にも基本的に引き継がれ、およそ1970年代まで続いた。

1989~91年のソ連・東欧「社会主義」体制の倒壊により、ソ連共産党主導の20世紀社会主義思想・

運動の破産は誰の目にも瞭然となった。親ソ連性を特質としてきた日本の社会主義には、決定的な打撃だった。

日本資本主義経済・社会・国家体制に対する社会主義的変革の闘いは敗退した。今求められているのは、失敗、敗北から徹底的に学ぶこと、そして多様な視角で新たなる再興への座標を定立することである。

『検証　日本の社会主義思想・運動』の全体的な構成は、次のとおりである。

第一分冊　前篇「山川イズム　日本におけるマルクス主義創成の苦闘」
　　　　　後篇「向坂逸郎の理論と実践　その功罪」
第二分冊　前篇「日本共産党の光と影　徳田球一・宮本顕治・不破哲三を軸に」
　　　　　後篇「宇野弘蔵の社会主義論考」
　　　　　　　「宇野学派の現代社会主義と資本主義をめぐる内部論争」
第三分冊　余命に恵まれれば、安部磯雄、賀川豊彦を扱う予定

本書の執筆にあたり、日本社会主義思想・運動の専門的研究者達の多大な研究の摂取に努めた。その業績に深謝する。それでも、疑問や批判は尽きず、旧套の根本枠組みの打破を試行する一石を敢えて投じることにした。

社会主義思想・運動の真摯な研究者はもとより、長年の通俗的定説からの脱却に苦吟している旧い世代、新たな未来を拓く可能性を秘める若い世代に、なにがしかの問題提起を果たせれば望外の喜びである。

検証　日本の社会主義思想・運動

山川イズム
日本におけるマルクス主義創成の苦闘

1　社会運動の道

冒頭に、日本における社会主義思想・運動の苦難に満ちた草創期の簡略な年代記を掲げ、本論に入る予備とする。

１８９７年　７月　労働組合期成会（幹事長高野房太郎）結成。
　　　　　　　　　普通選挙期成同盟会（木下尚江ら）結成。
１８９８年１０月　社会主義研究会発足、社会主義の教育宣伝活動。
１９００年　１月　社会主義研究会は社会主義協会に改組。
　　　　　　３月　治安警察法公布
１９０１年　５月　社会主義協会の指導者安部磯雄、片山潜、幸徳秋水ら社会民主党を結成、最初の社会主義政党。直ちに結社禁止。
１９０２年　４月　西川光次郎『人道の戦士・社会主義の父　カール・マルクス』（中庸堂）。
１９０３年　７月　幸徳秋水『社会主義神髄』（朝報社）。片山潜『我社会主義』（社会主義図書部）。
１９０３年１１月　幸徳と堺利彦、平民社を創立し週刊『平民新聞』発刊。西川光二郎、石川三四郎も加わる。

１９０４年１１月　幸徳・堺共訳マルクス＝エンゲルス『共産党宣言』（『平民新聞』創刊一周年記念号）。初の邦訳。直ちに発売禁止。
１９０５年　日露戦争に対し、反戦で『平民新聞』とロシア社会民主労働党の交流。堺、幸徳など禁固・罰金。新聞の発行禁止。
１９０６年　２月　日本社会党創立（堺、西川など）。幸徳らの直接行動論と田添鉄二らの議会政策論の対立。翌年２月、結社禁止。
１９０６年　３月　堺訳エンゲルス『空想的社会主義から科学的社会主義へ』（月刊『社会主義研究』）。
１９０７年１１月　堺利彦・森近運平『社会主義綱要』。
１９１０年　大逆事件　幸徳など１２名死刑、１２名終身刑の大弾圧。幼弱な社会運動、社会主義運動はほぼ潰滅。

かような社会主義思想・運動が茨の道を歩む史的過程において、山川は日本社会党員、日刊『平民新聞』の編集部の一員、党内論争での幸徳派の若手として姿を現す。

少し後戻りして、山川の社会運動歴に触れる。

１８８０年に倉敷で生まれ育った山川は、１８９５年同志社補習科に入学したものの、２年後に退学して上京した。

１９００年に友人と『青年の福音』を発刊、その第3号記事で皇太子の結婚を強制されたものと難じ、わが国最初の不敬罪に問われ、同年5月に検挙され重禁固3年半の刑に処せられた。病気治療のため1年ほど保釈を挟んで、０４年6月まで入獄した。獄中で、英語、ドイツ語を習得し経済学をひたすら勉強した。出獄後に幸徳、堺が『平民新聞』を創刊し社会主義運動の烽火をあげた平民社を訪ね、幸徳の知遇を得た。

山川は倉敷に帰って家業の薬屋商売を営みながら勉学を続け、06年2月創立の日本社会党に入党した。同年12月に再上京して、『平民新聞』編集部の一員になった。

日本社会党内での堺、田添鉄二らの議会政策論と幸徳らの直接行動論の対立に際しては幸徳に与した。08年1月、演説会で「弁士中止！解散！」を命じられるも屋上から演説を続けた屋上演説事件で、堺、大杉栄などとともに検束され、1ヵ月半入獄した。

同年6月、山口孤剣の出獄歓迎会の際、街頭に出て赤旗を振りまわすアナーキストと警官が小競り合いした赤旗事件のとばっちりで、堺、大杉、荒畑寒村らとともに検束され、2年間在獄した。

その獄中での反省として後年に記したところでは、「私が、素朴な感激にもえて社会主義運動に投じ、そしてその第一歩で突き当たったものは、『これでいいのか？』という疑問であった。…私は、二口めには『労働者のために』と言い、『われわれ労働者が』などとも言った。しかし…後ろを振りかえって見て、吾々のいったい何人の労働者がつづいて来ていたろうか。なんにもなかった。まだ初歩的なものだったにせよ、労働者の自覚が飛躍的に進んでいたことは、労働争議のうえにも現れていたが、吾々の運動は、それとは何のゆかりもない平行線でしかなかった。自分のやっていることすべてが、社会主義社会の実現に役だっている運動ではなくて、安価な―あるいは非常に高価な―自慰や自己陶酔にすぎないのではないかという疑問は、たえず私の頭をかすめていた」（『ある凡人の記録』、朝日新聞社、1950年、421～2頁）。

10年に起きた大逆事件後の厳しい「冬の時代」には、山川は郷里に帰り薬屋に従事したり、鹿児島に移り牧場を経営したりして、やっと糊口をしのいだ。

一方、堺は売文社を創り、逼塞の時代にもしたたかに活動を継続した。彼は14年10月には月刊『平民新聞』を発行したものの、発売禁止にされた。翌年9月からは月刊誌『新社会』の小さな旗上げをして社会運動の火を燃やし続けた。

１６年1月になって山川は上京し売文社の仕事に加わった。

2　マルクス主義理論の体得

１９１４年に勃発した第一次世界大戦の渦中、１７年にロシア革命が起きた。後進的なロシアに自由、民主主義の道を開いた2月革命の争乱を経て、ボリシェヴィキが世界史上初めて社会主義を目指す国家を打ち建てた１０月革命は、日本にも測り知れない程大きな影響を及ぼした。

折しも日本は大正デモクラシーの時代状況を迎えていた。第一次大戦下の米価暴騰に苦しむ下層民衆の米騒動は、１８年7月の富山の貧民婦人一揆を皮切りに全国各地に拡がった。労働（組合）運動も勃興しつつあった。9月には伝来の軍閥内閣に替わる初の本格的政党内閣、平民宰相原敬率いる政友会内閣が誕生した。

１９年になると労働争議が多発し、労働組合も爆発的に拡大していった。２０年の八幡製鉄の大争議、東京市電のスト、２１年の足尾銅山の大争議、神戸の川崎造船所・三菱造船所の大騒擾等々、大規模で長期にわたる激烈な闘争が多出した。だが、ことごとく各個撃破され掃滅された。

既に１２年８月に発足していた鈴木文治達の友愛会は、１９年に大日本労働総同盟友愛会に名称変更し、２１年には日本労働総同盟(略称総同盟)と改称して、友誼的、共済的団体から労働組合へ発展的に変容した。

１９年に日本最初のメーデーがおこなわれ、「失業防止」「治安警察法廃止」「最低賃金制確立」のスローガンを掲げた。

山川はロシア革命をどう受けとめたか。

『新社会』１７年４月号の時評「火の見台」を手始めに１８年７月号「問題の捏ね返し」にいたる記事で革命情勢の推移を追い、社会主義への道を拓いた歴史的偉業として１０月革命を捉えた山川は、革命を感涙して歓迎した。ロシア革命は、サンディカリズム―革命的労働組合主義―に傾斜していた彼がマルクス主義へ立場を転換する決定的な契機となった。

山川は荒畑とともに、１８年３月から労働者に配布するパンフレット「青服」を月刊で発行したが、毎号発売禁止であった。９月に出版法違反に問われ禁固４ヵ月の刑で入獄した(青服事件)。

堺とともに山川が拠っている『新社会』は、１９年５月から「マルクス主義の旗印」を標榜し旗色を鮮明にした。

マルクス主義の移植の時代を迎えていた。山川はマルクス主義思想の移入・紹介、ソ連の現状の紹介・解説に力を尽くした。ほぼ外来翻案の類の受け売り的紹介であった。

堺・山川『マルクス伝　附エンゲルス伝』、雑誌『社会主義研究』、１９２０年
山川『レーニンとトロツキー』、改造社、１９２１年
山川『労農露西亜の農業制度』、水曜会出版部、１９２１年
山川均・山川菊枝『労農露西亜の研究』、アルス、１９２１年
山川『労農露西亜の労働』、文化学会出版部、１９２５年
山川「仏国労働総同盟の分裂」、産業労働研究所、１９２５年

数多くの外国文献の翻訳もおこなった。

堺・山川共訳　クロポトキン『動物界の道徳』、有楽社、１９０８年
『イブセン美辞麗句集』Ibsen,Henrik、京橋堂、１９１７年
山川・荒畑共訳　ウエッブ夫妻『労働組合運動史』、叢文閣、１９２０年
山川均・菊枝共訳　レーニン『労農革命の建設的方面』、三徳社、１９２１年
ルイス・ブディン『マルクス学説体系』、白揚社、１９２１年
エルネスト・ウンターマン『マルクス経済学』、大鐙閣、１９２１年
エリオット『近代科学と唯物論』、白揚社、１９２４年
ヨゼフ・ディーツゲン『無産階級の哲学』、改造社、１９２４年
エリオット『近代科学と唯物論』、白揚社、１９２４年
レーニン『新経済政策』、レーニン著作集刊行会、１９２６年

クロポトキン『動物と植物の生活』、白揚社、1927年

『中央公論』1919年7月臨時増刊号は、特集「カール・マルクス論」を組んだ。目次は以下のとおりであった。

マルクス論　三宅雪嶺
マルクスとマルクス主義　山川均
マルクス史観　室伏高信
三十歳のマルクス　堺利彦
マルクスの識見は偉大なり　北澤新次郎
マルクスの坊主と袈裟　高畠素之

山川「マルクスとマルクス主義」は、『資本論』と唯物史観を主軸に、外国語文献のカウツキー、ベルンシュタイン、ラブリオラ等の所論を介し、多側面からの反問を重ねつつマルクスの資本主義体制変革論の核心に迫る。着眼しているのは、今日まで議論の主題とされること多い『経済学批判』「序言」の唯物史観の定式中の提題と『資本論』第一巻第七編第二四章第七節「資本主義的蓄積の歴史的傾向」の「否定の否定」の行である。一文を引くと、「マルクスに従えば、一つの生産組織―したがって社会組織―から他の生産組織推移は、ふるき生産組織の胎内に、いっさいの新たなる生産条件が十分に発達した時にはじめて行われる。そしてマルクスによれば、近世の団結し組織せられた労働階級は、新たなる生産条件のうちの、最も有力なる条件である。…そのうちから、新たなる感情と、道徳と、行動とが発達する」(②-222)。

当時の錚々たる論客達に比しても一頭地を抜きんでた論稿であった。なお、高畠素之の『資本論』翻訳において、まずその第一巻の訳書が出始めるのは1920年以降であった。

前述した民衆運動の湧起を社会的な基盤にして、社会主義運動も新たな展相を示した。20年12月に日本社会主義同盟が旗上げした。同盟準備会の発起人30人には、堺・山川グループから荒畑ら、大杉グループから岩佐作太郎、近藤憲二ら、労働組合運動家は友愛会・労働総同盟から麻生久ら、他に加藤勘十ら、学生団体は暁民会の高津正道、新人会の赤松克麿ら、文化人として島中雄三、大庭柯公らが名を連ねた。各界の指導的分子のマルクス主義者、アナーキスト、サンジカリスト、ギルド社会主義者達が合流し勢ぞろいした社会主義の共同戦線であった。山川は纏め役として尽力した。これまで各々別の道を歩んできた社会主義運動と労働組合運動が結びついたのはなかんずく画期的であった。

しかし、翌21年5月に結社禁止で解散させられた。国家権力は社会主義運動をいっさい許さない厳酷さを示した。

社会主義同盟では、山川を中心にして毎回2、30名の労働者や学生が集り研究報告や当面の問題の討論をおこなっていた。この集いから「水曜会」が生まれ、西雅雄、稲村隆一、田所輝明、上田茂樹、高橋貞樹、徳田球一など、山川の薫陶を受けた次代を担う若手が輩出した。

21年4月に赤瀾会が山川菊枝、伊藤野枝、堺真柄などによって結成され、社会主義女性運動が生まれた。明けて22年3月、全国水平社が結成された。創立者坂本清一郎、西光万吉らは日本社会主義同盟員であった。山川は堺、大杉らと創立大会に臨席した。

やがて労働組合運動と提携して大きな役割を担う農民組合運動に触れると、米騒動をきっかけに小作争議が各地に続発し、22年4月に賀川豊彦、杉山元治郎らの指導で日本農民組合（日農）が結成された。小作争議の発展のなかで一時は組合員約8万に達した。

この時期の山川の思想・理論形成にかかわる幾つかの論目に関説する。

（a）ロシア革命とソ連の建設の賛否をめぐるアナ・ボル論争に関して。

ロシア革命の性格が明らかになってくると、当初革命を讃えた大杉らアナーキストは、革命政権下でのプロレタリアート独裁のボリシェヴィキ一党独裁化、１８年のアナーキスト集団を含めた他党派撲滅、２１年からの新経済政策の採用等々に対する批判、攻撃に転じた。労農ロシアやレーニン主義の好意的な紹介、宣伝に努める山川らマルクス主義者との衝突、分裂は避けられなかった。

（b）プロレタリアート独裁に関して。

山川は「ソヴィエト政治の特質とその批判―プロレタリアン・ディクタイターシップとデモクラシー」を『社会主義研究』１９２０年6月号に発表した。ロシア革命を実現したボリシェヴィズムは国際的な非難対擁護合戦の的となっており、論戦の焦点はボリシェヴィズムを表徴する「独裁権《ディクテイターシップ》」（②‐３８９）であった。

山川は当今世界における最高最大の問題と見做すロシア革命の実現に心打たれ、革命を牽引したレーニンを尊敬してやまなかった。だが、「独裁権」と「デモクラシー」を一体的両面とするレーニンの説論について「社会主義は資本主義からその生産力を相続すべしという意義〔は〕、…デモクラシーについても、あてはめることができる」（４０６）というユニークな観点を示す。「独裁権」はブルジョア民主主義を廃棄するのではなく、より高次の次元で保持するべきなのである。そして、マルクスの見地として―レーニンのように『ルイ・ボナパルトのブリュメール一八日』のプロレタリアート独裁論ではなく―『仏国の内乱』のコミューン国家像を引用し、判断基準とする。レーニンの展開した独裁の理論と実践を否定しないがそのまま受認するのでもない、独自的な視座であった。

（c）吉野作造、賀川、ラッセルへの批判に関して。

立ち入って検討する紙数がないが、吉野作造の民本主義論に対する「吉野博士及北教授の民主主義を難ず」（『新日本』18年4月号）などは、民本主義に物足りない青年や知識人を惹きつけた。だが、日本政治の具体的現状に応じて提示されている民本主義論に内在し、それを批判的に踏み越えるのではなく、外在的に民主主義の理念的原則で切り捨てて、民本主義が有する積極面を評価できずにいる。「普通選挙と無産階級的戦術」（『前衛』22年3月号）において普通選挙が実施されても無産階級は棄権すべしと選挙と議会のボイコットを唱えたように、サンディカリズムの残滓やコミンテルンの革命的議会主義に連なる立場からする批判であった。

「賀川豊彦氏の挑戦に応ず」（『社会主義研究』21年6月号）、「ラッセルと唯物史観」（『社会主義研究』21年7月号）において、賀川、バートランド・ラッセルによる革命ロシアの批判的考察に対し、賀川にはレーニン民主主義論、ラッセルには唯物史観をもって弁駁し、彼らの基本的な思想の誤りを指摘する。すりかえ批判の誹りを免れない。

いずれの論考も、生硬で粗雑なものにとどまっていた。当時の山川は理論上の原始的蓄積過程にあった。蓄積した豊富な基礎理論を活かして具体的な現実問題の全面多岐的な分析による精彩ある理論的展開を体得する途上だった。

（d）『資本主義のからくり』に関して。

『社会主義研究』22年1月、2月、4月、5月号に連載の「資本主義の経済制度」を改題して23年に僚友社から刊行したパンフレットである。多くの学生や労働者に社会主義の入門書、学習書として読まれ、「数十版をかさね、もはや紙型が磨滅」（26年の改定版「はしがき」、⑦-421）したほどだった。その内容は、「一

資本主義の生産　二　経済組織の変遷　三　生産者と生産機関との分離　四　労働の商品化　五　生産と消費の矛盾　六　資本制度の浪費　七　人間浪費の制度　八　社会的生産と個人的所有との矛盾　九　生産力と財産制度との衝突　一〇　私有財産制度の動揺　一一　社会生活の危険と不安　一二　生活の改造　一三　自己改造の努力　一四　社会の改造　一五　闘争の生活」。１９４６年版では幾つかの表題が改められ、「四　労働の商品化」は「労働力の商品化」に改定される。

山川は堺に続く社会主義論の新しい騎手として、論壇でもてはやされる評論家となった。生計を立てる目途がついて財政的な余裕も生まれ、個人経営で学術雑誌『社会主義研究』と時事問題月刊雑誌『前衛』（２２年１月創刊）を主宰し刊行した。両誌とも２３年３月号で終刊するが、『前衛』は他誌と合体して第一次共産党の機関誌にあたる『赤旗』に受け継がれた。

3　第一次共産党　結成と解散

（註　第一次共産党の史実をめぐって、諸々の説が並立し多くの研究書が公刊され論争が続けられている。本稿では、和田春樹、G・M・アジベーコフ監修、富田武・和田春樹編訳、『資料集コミンテルンと日本共産党』、岩波書店、2014年の当該部に拠っている。）

日本へのコミンテルンとロシア共産党の密使の派遣は1920年に始まった。山川の証言によると、「大正九年（1920年）の後半から十年（1921年）の頃は、コミンテルンの使者と称する支那人や朝鮮人が一再ならず堺氏や私のところを訪問し、上海に渡航してコミンテルンの代表者に逢ふことを勧めたものでした」（「東調布署手記」、④－453）。堺も山川も応じなかったので、大杉が渡航し運動資金を貰って帰った。これがコミンテルンと連絡のついた最初であった。

20年12月には、前に見たように、古参の重鎮、堺、山川、荒畑、大杉達と若手の活動家達が団結して、社会主義同盟を旗上げした。

一方、亡命先のアメリカで19年9月結成のアメリカ共産党に加わった片山潜は、日本人共産主義者団を組織し、日本の共産党結成を目指し近藤栄蔵を派遣してきた。

21年4月に堺、山川、荒畑、近藤、高津正道らが日本共産党準備委員会を結成した。5月に近藤が上海に行き運動資金を得てきた。近藤は早稲田大学学生高津らの暁民会と共に、共産党を名乗って11月の陸軍大演習に反戦ビラを散布し約40名が検束された（暁民共産党事件）。

22年1月末にモスクワで開催の極東諸民族大会に、国内から徳田球一、高瀬清らの有志、「在米日本人社会主義者団」から片山潜、鈴木茂三郎ら、合わせて15名が出席した。日本代表団は「日本における共産主義者の任務」を採択した。徳田、高瀬はコミンテルン常任執行委員会幹部に加えられた片山から急速に共産党を組織すべきとの指令を受けて、4～5月に帰国した。

7月に堺、山川、近藤、高瀬らが出席して日本共産党創立会議を開いた。

その後の「青木〔荒畑〕、坂谷〔堺〕のコミンテルン執行委員会あて書簡」によると、日本共産党執行委員会の構成を、総務幹事長荒畑、総務幹事山川、高津、国際幹事堺、会計幹事橋浦時雄と定めた（『資料集コミンテルンと日本』、72頁）。

9月に「日本共産党綱領」を作成し総務幹事荒畑、国際幹事堺の連名でコミンテルンに送った。当「綱領」は、両人と山川によって起草されたとみられ、冒頭で「第三共産主義インターナショナルの支部たる日本共産党は、非合法のプロレタリア政党であり、その目的は、ソヴィエト権力に基づくプロレタリアート独裁の樹立を通じて資本主義を打倒することにある」（同右、74頁）と宣明する。日本の政治体制に関しては、資本家階級の諸政党と封建性をとどめる官僚・軍閥の二大勢力の対立と妥協であり、ブルジョア民主主義はなお未成熟だと分析する。

（註　この「日本共産党綱領」は加藤哲郎によってコミンテルン・アルヒーフから見いだされた。加藤「1922年の日本共産党綱領」（『大原社会問題研究所雑誌』481・482号、1998年12月・99年1月）。

同時期、山川は「無産階級運動の方向転換」（『前衛』22年7・8月合併号）を発表した。日本の社会主義運動は、資本主義の撤廃という最終的目標を見定めて思想的には徹底して純化し、少数の精英な前衛を産みだして革命へ向かう第一歩をしっかりと踏みだした。けれども、「今日に至るまで、一度もまだ大衆的の運動となったことはない」（④-388）。無産階級運動のいま一つの方面、労働組合運動も同様であり、極めて少数の運動にとどまっている。今や大衆の中に進み出ることが運動の第二歩である。「『大衆の中へ！』

は、日本の無産階級運動の新しい標語でなければならぬ」（３４２）。新たな運動は大衆の現実の要求に立脚しなければならない。「大衆の行動を離れては革命的の行動はなく、大衆の現実の要求を離れては、大衆の運動はない」（同）。あらゆる戦線における無産階級運動の方向を転換し、大衆とともに動き大衆に学ぶべきである。なかんずく、ブルジョア政治に対して単に消極的に否定して納まるのではなく、積極的に戦わねばならぬ。

山川にとって「方向転換」論は、「私自身の自己批判と生産であり、…同時に過去の社会主義運動の清算だった」（『日本の社会主義』、『社会主義への道は一つではない』、合同出版社、１９５７年、２０２頁）。サンディカリズムに傾斜していた自己内省的な理論的転成を意味した。それと同時に、大逆事件前の議会政策論と直接行動論の分裂、屋上演説事件や赤旗事件のような官憲との衝突をもっぱらとした闘争から脱却し、ロシア革命を受けとめて共産党の創成と大衆運動を接合する日本社会主義運動の新地平を開かんとする画期的意義を有した。

山川の「方向転換」論は、コミンテルン第三回世界大会における統一戦線戦術論から示唆を承けて提起されていた。しかしながら、その「方向転換」は、具体的実践の進行につれて次第に露呈するように、一国一革命党を前提にし、労働組合運動ではプロフィンテルンの赤色労働組合主義に立って、革命党の大衆組織化を軸線とするコミンテルンの統一戦線論との相異、対立を内包していた。

１１月初めからコミンテルン第四回大会が開かれ、日本共産党を日本支部として正式承認した。また、コミンテルン執行委員会綱領問題委員会日本小委員会はブハーリン起草の「日本共産党綱領草案」、いわゆる「２２年テーゼ」を発表した。「２２年テーゼ」は、「国家権力は、大地主と商工業ブルジョアジーの若干部分とのブロックの手に握られている。国家権力の半封建的な性格」（村田陽一編訳『資料集コミンテルンと日本①』、大月書店、１９８６年、１４１頁）を明示し、当面の要求として政治的分野では冒頭に「（１）君主制の廃止」を掲げた。

共産党は２３年2月に第二回大会を市川で開催し、3月に政治方針、綱領問題を論議する臨時大会を石神井で開いた。コミンテルン第四回大会から持ち帰られた「日本共産党綱領草案」について論議したが、当面の政治的要求の「君主制の廃止」をめぐって特に見解が分かれ、審議未了となった。

共産党の結成にあたって、最中心の指導部に位置した山川は堺、荒畑とともに、２２年9月の「日本共産党綱領」の冒頭文が示すように、コミンテルンの革命路線を一旦受容した。また、『社会主義研究』や『前衛』ではソ連共産党の組織や活動を詳細に紹介し好意的に解説してきた。指導している若手活動家達も結党に意気込んでいた。

しかし、コミンテルンの「日本共産党綱領草案」や具体的な運動の指針に疑問を持ち、日本共産党の建設に次第に乗り気ではなくなり、むしろ懐疑的になった山川は、指導部から下りて平の一党員になった。

２３年4月に日本共産主義青年同盟（共青）（中央委員長河合義虎）が結成された。

同年6月、共産党の一斉検挙がおこなわれた。逮捕者は堺ら幹部をはじめとして８０名にのぼった。党は大打撃を被った。

検挙の対象とされたのは、市川での第二回党大会、石神井での臨時党大会の出席者であった。病臥し両大会に欠席した山川は、証拠不十分で検挙されずに身柄不拘束で起訴されたものの、無罪に帰した。彼は病気治療のため転地療養した。

そこに２３年9月、関東大震災が起きた。社会の大混乱に乗じて各地で朝鮮人多数の惨殺、大杉・伊藤野枝夫妻ら虐殺、河合義虎ら若手活動家9人殺戮の悲惨な事件が引き起こされた。山川は難を逃れるべく諸所

を泊まり歩いた

翌年3月に共産党は指導的分子の会合で解党を決定した。第一次共産党は1年7ヵ月の短命であった。

23年6月の一斉検挙による大打撃を被った共産党の解散後、解党に反対するコミンテルンでは東方部極東書記局が25年1月、上海に佐野学、荒畑、徳田らを招集していわゆる「上海テーゼ」を採択し、再建の指針を定めた。そして、党再建ビューロー（委員長徳田球一）を設置した。

山川はコミンテルンの指示を承けた共産党の再結成に反対し、第二次共産党への参加を拒否した。堺も同様であった。

山川は「コミンテルンの指揮の下に共産党を組織するといふことに全面多岐に反対の意思を表示」（「東調布日記」、⑥-481）した。ビューローのコミンテルンへの報告（25年3月）では、「上海テーゼ」に関し山川は「テーゼは共産主義の定石ではあるが、日本の情勢を全然閑却したものであるから、これに対しては、かなり根本的な意見の相違がある」（『資料集コミンテルンと日本共産党』、118～9頁）との応対であった。

ビューローの合法理論誌『マルクス主義』において、ヨーロッパ留学から帰国したばかりの山口高等商業高校教授福本和夫は、山川理論を批判し「「方向転換」はいかなる諸過程をとるか、我々はいまそれのいかなる過程を過程しつつあるか」（第一八号、25年10月）、「山川氏の方向転換論より始めざるべからず（一）（二）」（第二二・二五号、26年2月・5月）を発表して、「結合の前の分離」を唱道した。福本理論は瞬く間に共産党再建活動を席捲した。

党再建グループは26年12月に第三回大会を開催し共産党の再建を果たした。中央委員に佐野学、徳田、市川正一、福本らが選出された。

ところで、社会主義者同盟を強制解散させられ穏健な社会主義運動さえ許容しない国家権力の禁圧をあらためて痛感した山川は、一方で「非合法のプロレタリア政党」はやはり秘密結社で地下活動するしかないとの思いはありながら、共産党の再建には反対した。何故だろうか。

一つは、ブハーリン起草の「日本共産党綱領草案」との理論的な相異である。この「草案」に関して、山川は見た記憶がないと言うけれども、石神井での臨時党大会で紛糾した論議を伝え聞いたりして大意は推察していただろう。国家権力に関する封建的地主と商工業資本家のブロックに拠る半封建的性格の規定、行動綱領における君主制の廃止など、1922年9月の「日本共産党綱領」の現状分析や革命戦略戦術との齟齬は小さくなかった。

いま一つは、コミンテルンと日本共産党の指令・服従の上下関係である。堺や山川のように、自力でマルクス主義を主体化しつつ多大な苦難を乗り越えて社会主義思想・運動を築いてきた古強者には、上＝外からコミンテルンが命令的に指揮し、それに日本の共産主義者は盲目的に服従する党活動スタイルへの違和感は当然であった。活動を支える資金でも、コミンテルンからの支給に共産党は全面依存していた。この異常さに、コミンテルンとの窓口を務めた近藤栄蔵が中国に渡って運動資金をもらい、帰京する途中で豪遊したことから警察に検束されたスキャンダルもまつわっていた。

4　無産政党の形成と山川の無産政党論

時局は大正デモクラシー状況下にあって、明治時代の藩閥政治から政党政治への歴史的転変が進捗していた。

1918年9月に最初の本格的政党内閣、平民宰相原敬率いる政友会内閣が誕生し、23年10月、山本権兵衛内閣は成年男子普通選挙実施を声明した。政友会・憲政会・革新倶楽部は憲政擁護・普選実行をスローガンに第二次護憲運動を展開し、24年5月の衆議院総選挙に圧勝して、憲政会総裁加藤高明を首班に政友会、革新倶楽部との連立内閣が成立した。加藤護憲三派内閣は25年3月、治安維持法との抱き合わせで普通選挙法を制定した。

普選実施の憲政史上の新時代が迫っていた。山川「無産階級政党の諸問題」(政治研究会機関誌『政治運動』第3号、24年6月）の予想では「25歳以上の男子に、財産上の制限なしに選挙資格を認める選挙法が実施せられると、従来は300万人だった選挙有権者の数が、一躍して1300万人となり、今までは政治上の勢力と認められていなかった1000万人という要素が、新たに政治上の勢力として舞台に登ることとなる。その結果は云うまでもなく、政治勢力の分布の上の一大変動である」（⑤-400）。

普選実施の新形勢に対処する無産政党の創成は緊切な課題となった。その初発点は24年6月の政治研究会の成立であった。前年12月発足の政治問題研究会を発展的に改組した政治研究会は、結成機運の高まりきた無産階級政党を、如何なるものとして如何に造るか、調査研究するとともに基盤的組織づくりを果たそうとする団体であった。執行委員は賀川豊彦、布施辰治、片山哲、三輪寿壮、黒田寿男、青野季吉、島中雄三、鈴木茂三郎等、調査委員は大山郁夫、北沢新次郎など、名にしおう多士済々であった。研究会の発足を主唱した堺、山川は支配権力の弾圧を回避するため委員に加わらなかった。

山川の政治研究会神戸支部リーフレット「無産階級の政治運動とは何か」（25年9月）によると、「政治研究会は、無産政党ではないが、日本に無産階級の政党を作るための、準備の団体である」（⑥-273）。

政治研究会は、1年後には約4000名の会員を有する勢力となった。

一方、労働組合戦線において左右の対立抗争が激化した。総同盟は24年2月の第一三年度大会で、指導部の鈴木文治、西尾末広ら右派は現実主義的方向転換宣言を可決し労働組合主義へ回帰した。山本懸蔵、渡辺政之輔らの左派は反対し対立した。翌年4月、5月の中央委員会は左派組合を除名した。左派は日本労働組合評議会（評議会）を創立—総同盟第一次分裂—した。組織分裂はほぼ真っ二つだったが、組合員数は両組合で3万人そこそこであった。

総同盟の分裂で左右両翼の対立抗争が拡がり深まるなか、25年6月、日農は大手の労働諸団体や政治研究会、全国水平社などに無産政党の結成を提議し、無産政党組織準備委員会を設置した。参加した諸団体のうちでも主要4組織、総同盟、評議会、政治研究会、日農それぞれの綱領草案の討論をおこない、綱領と規約も決定して、25年12月にわが国最初の無産政党、農民労働党（書記長浅沼稲次郎、中央執行委員長は空席）を結成した。全国単一の無産政党、協同戦線党であった。だが、結党後3時間で政府の発した命令により解散させられた。

続いて翌年3月に、労働農民党（労農党）が中央執行委員長杉山元治郎（日農）、書記長三輪寿壮（総同盟）、中央委員の安部磯雄、西尾末広、麻生久（以上総同盟）、賀川豊彦等を首脳部にして、協同戦線党として成立した。だが、参加を差し控えていた評議会、政治研究会などの左派団体の加入をめぐって対立し衝突した。共産系の排除を掲げる総同盟は１０月に脱退し、総同盟首脳部は１２月に新たに社会民衆党(社民党)を結成した。

総同盟のなかで労農党からの脱退、社民党結党に反対して除名された麻生らは、同月、日本労働組合同盟（組合同盟）を結成する―総同盟の第二次分裂―とともに、日本労農党（日労党、三輪寿壮書記長）を結党した。日労党は全日本農民組合（全農）を設立し、日農から分裂した。

農民組合戦線においても、２６年6月に日農を脱退して平野力三を指導者とする日本農民同盟が結成され、それを母体に日本農民党（平野幹事長）が生まれた。

社民党と日労党が別れ去った労農党には、共産党系と非共産党系（後の労農グループ系）とから成る共産系が残留した。書記局を共産党再建分子が握ったので、労農党は再建共産党の隠れ蓑、外郭団体の性格を帯びたが、党内部では共産党系と非共産党系とが交錯し相反しつつ、離合集散する労働組合・農民組合、労農政党の組織化の指導権争いに鎬を削っていた。

労農党は労働総同盟の分裂を介して、右派の社民党、中間派の日労党、左派の労農党の3党派に分裂した。日本農民党を加えると、無産政党は4党派になった。ただ、戦線統一の要求も根強く伏流していた。

２8年2月、日本最初の（成年男子）普通選挙権による衆議院総選挙が実施された。

「普選によって新たに投票した、いわゆる新興勢力がざっと六百八十万、この六百八十万の九割三分五厘が既成ブルジョア政党に投票し、六分五厘が無産政党に投票した。そしてこの四五万票によって、無産政党から八名の議員を選出した」（山川「「労農」三月号編集ノート」、⑧-２３７）。

おのおのの無産政党について見ると、次のとおりであった（山川「社会主義政党の話」、⑩－３４８）。

	立候補	当選	得票
労働農民党	４０	２	１９３，５５３
社会民主党	１７	３	１１４，９６９
日本労農党	１３	２	８６，９９３
日本農民党	１２	―	４５，３７３
地方政党	７	１	４６，６１７
計	８９	８	４８７，５０５

（漢数字をアラビア数字に変更）。

地方政党の当選１は九州民権党、八幡製鉄所のストライキを組織して「溶鉱炉の火は消えたり」の浅原健三であった。

（註　遠山茂樹・安達政子『近代日本政治史必携』、岩波書店、１９６１年、２１０頁では、無産政党の総得票数は４６２，２８８である。）

無産諸政党が獲得した４８，７５０５の得票総数は、有効投票総数の９・７％に過ぎなかった。対するにブルジョア諸党は４，５１３，７５２票で９０・３％を占めた。

この選挙戦において、労農党はセミ共産党的組織として幾つかの選挙区の公認候補者に徳田球一ら共産党員を立て、共産党はコミンテルンの指示のごとく大衆の前に姿を現し党独自の活動を展開した。

普通選挙の導入は、イギリスやフランスの歴史的経験が示したように、ブルジョア階級の政治的支配にとって、広大な小ブルジョア階級を組織化するにとどまらない。労働者や農民をも獲得し、労農大衆を分断して左翼を孤立させその影響力を最小化する。日本での最初の普通選挙、後述の第二回普通選挙の結果も、ブルジョア階級にとっての普通選挙の効果をまざまざと示した。

翌月、衆議院総選挙で民政党に競り勝って政権を保った政友会田中義一内閣の下、官憲は第一次・第二次共産党の幹部や非共産党の活動家達を一斉検挙した。三・一五事件である。更に4月に労農党、評議会、日本無産青年同盟も結社禁止した。中間派や右派の無産政党、労働組合は合法化し、懐柔策を凝らす一方で、共産党を非合法化し、左派の労農党、評議会は結社を禁止し解散させる弾圧策を採った。6月には治安維持法を改悪し最高刑として死刑を導入した。

29年の4月、前年の三・一五事件に次ぐ共産党に対する大弾圧、四・一六事件が起きた。全國で大量の活動家が逮捕され、党組織は根こそぎ破壊され壊滅的な打撃を被った。

労農党の禁圧に対し共産党系はすぐさま新党組織準備会（大山郁夫幹事長）を結成し、党の再興運動に取り組んでいたが、大山郁夫・上村進・細迫兼光のパンフレット「新労農党樹立の提案」（29年8月）は、プロレタリアートの党は共産党のみ、合法政党は有害無用とするコミンテルン路線を変更して、合法的大衆政党の樹立に転じた。

ところが、7月のコミンテルン第六回大会―いわゆる「社会ファシズム」論を明示―に出席した市川正一らが真のプロレタリア政党は共産党しかありえない、合法政党の組織化反対のコミンテルン執行委員会決議を持ち帰るや、共産党指導部は新生する労農党に共産党の方針を掲げさせる方針を採った。12月の新生労農党結成大会が官憲によって解散させられると、新党組織準備会を政治的自由獲得同盟（政獲同盟）に改組して闘った。

政獲同盟はすべての合法的大衆政党を社会民主主義として断罪してそれらの粉砕を唱えたことで、労農党再興をめぐって二分され、合法無産政党樹立を指向する大山、細迫らは除名されるなどして大混乱に陥った。

結社禁止された評議会も、直ちに再建運動として日本労働組合全国協議会（全協）を結成した。全協は、コミンテルンの国際労働運動組織プロフィンテルンに加盟して赤色労働組合主義の左翼分派として活動するセクト主義の弊により、労働（組合）運動内部で浮きあがり大衆的拡がりをもたなかった。２９年７月からのいわゆる武装共産党時代には武装闘争に決起し、「３２年テーゼ」後は「天皇制打倒」を掲げて暴走した。内部の批判派として全協刷新同盟（神山茂夫関東自由労働組合書記長ら）も生まれたものの、共産党による指導との対立もあって組織的分裂状態に陥った。

無産政党の生成、発展をリードしてきた山川の無産政党論に移る。

「無産階級政党の諸問題」（政治研究会機関誌『政治研究』第３号、２４年６月）は、ブルジョア民主主義の発展過程を経由した先進資本主義諸国の先蹤とは異なる後進国日本の無産階級の政治運動の特質を析出した。

ブルジョア階級が民主主義を発達させた先進資本主義諸国では、無産階級は一度はブルジョア民主主義運動の経験を経て徐々に独立した政治運動を形づくった。だが、ブルジョア階級がデモクラシーを発達させなかった日本では、無産階級は今日まで政治勢力の圏外に立っていた。しかも、プロレタリア革命の党、共産党が先に生成し、大衆的な労農政党、無産政党はその後に形成されることになった。

かかる特殊性は、無産階級の政治運動の在り様、行方を左右する。「日本の場合には、一面から見れば、無産階級の大衆は何らの政治上の経験をも訓練をも経ておらぬから、ひとたびブルジョアジーの政治勢力に接触した場合には、…その政治的毒素に侵される危険を十分に持って居ると同時に、他の一面から見れば、…先進国の場合のように、ブルジョアの政治勢力―特に小ブルジョア進歩主義の政治勢力―のうちに分解し同化する道程を踏まないで、ただちに全無産階級が、そっくりそのまま独立した政治勢力に結晶することのできる基礎と条件が備わって居る」（⑤‐404）。一方で、未成熟の無産階級が議会主義によって去勢され、ブルジョア階級の民主主義に同化し包摂されてしまう可能性、しかし他方では、無産階級が独立の政治勢力へと飛躍的に前進する可能性、この二つの両極的な可能性である。

山川が目指すのは、「包容的（な無産）政党」（「無産政党綱領の問題」、政治研究会機関誌『政治研究』25年5月号。⑥‐87）、「左右両翼を包容した無産政党」（「無産政党問題をめぐる左右両翼の争い」、『改造』26年4月号、⑥‐305）、つまり協同戦線党、単一無産政党であり、これこそが日本的条件に適応する独自のあり方だった。

無産政党が出発の歩みを踏みしめている現在、求められているのは無産階級の政治的な分解、離散を防ぎ統一を保つことである。この任務を果たす無産階級政党は、能うかぎりの最大限度において無産階級のあらゆる要素を包容しなければならない。

単一無産政党は、資本の攻勢に対して闘う労働者・農民をはじめとする反資本主義的大衆の形成する協同戦線党であり、同時に左翼から右翼までにわたる広範な協同戦線党である。

労働者農民の当面する反ブルジョア闘争の目標を結合の基礎とし、社会民主主義と共産主義のいずれかについての意見の一致をもって組織的結合の基礎とも条件ともしない。社会民主主義者、共産主義者、アナーキストのいずれであろうと、目標とする反ブルジョア闘争の必要、闘争のための組織としての協同戦線の必要、そのための連合主義的な規律と統制を認める人々を包含する。

従って、無産政党運動の綱領的課題として何よりも重要なのは、デモクラシーである。「封建的反動勢力と資本主義的反動勢力が…抱合し有機的に化合」している日本資本主義の現段階では、「無産政党の主要任務は、封建的反動勢力に対する抗争であり、政治機関の頂上から社会生活の根底にいたるまで、デモクラシーを徹底せしめる闘争である」（⑥-232）。綱領に含まれる政治上の要求は、「（一）政治機関の民主化（枢密院、その他の封建的政治勢力の残存を許す機関および制度の廃止等々）。（二）封建的社会制度の撤廃（華族制度、家族制度と戸主権、法律上における婦人の隷属的地位、等々）。（三）参政権の要求。（四）政治的自由の要求（言論、出版、集会、結社団結、示威運動の徹底的自由、反無産階級的暴圧諸法令の撤廃、等々）…」（252）である。

如上の単一無産政党創出の道を山川は設定したのであった。

爾後的に顧みるなら、この道以外に、堺、荒畑、鈴木らと民主主義を特色とする一無産政党を結成して、他の無産諸政党と共同行動をおこない共同戦線を張って労農大衆を結集しブルジョア階級の支配と闘う道も選択肢としてありえただろう。その場合でも、経過や結末は大同小異だったに違いない。

山川はプロレタリアによるデモクラシー徹底の闘争を第一義的に強調したうえで、その方法について二つの形態を挙げる。「第一には、プロレタリアの前衛が、有力な、そして絶対に内容の純一な指導的党派を形成し、いっさいの反資本主義的勢力をその政治的指導のもとにおく場合であって、無産階級が階級的に成熟し、有力な政治勢力となっている場合には、現にこの方法が用いられている。第二には、無産階級の死闘そのものが、種々なる反資本主義的要素の共同戦線の特殊な一形態となる場合である。この場合には、無産階級の政党は、党の組織外にある反資本主義的要素の大衆をも、…同時に党の組織そのもののうちにも、種々なる反資本主義的要素を包容する」（267～8）。彼が想定しているのは第二のケースであった。

5　労農グループの形成

福本イズムの席捲する再建共産党組と第二次共産党への不参加組とに別れて対立した日本の共産主義者集団は、コミンテルン執行委員会の「日本に関するテーゼ」、いわゆる「27年テーゼ」により激しく揺れ動かされた。当テーゼは、27年7月のコミンテルン執行委員会幹部会が採択したブハーリンの草稿を手直しして、12月に完成した。

「27年テーゼ」の綱要を、本稿に関連する重要論点に傍線を付して一瞥する。

① 経済的、政治的現状。「ようやく前世紀の1860年代に始まった日本帝国主義の発展は、極度に急速なテンポで進行した。…日本資本主義は、イギリス、ヨーロッパ資本主義諸国とは反対に、疑いもなく依然として発展の上向線を辿っている」（『資料集コミンテルンと日本①』、197頁）。「今日の日本国家は、資本家・地主ブロックの手に握られ」（同）、「ヘゲモニーは資本家が握っている」（200頁）。

② 革命の戦略と推進勢力。「日本国家の民主化、君主制廃止、現支配グループの権力からの排除をめざす

闘いは、資本のトラスト化がかくも進んだ国では、不可避的に、封建遺制との闘争から資本主義そのものと闘争へ成長転化するであろう」（198頁）。「日本の資本主義の発展の水準が高いため、ブルジョア民主主義革命が社会主義革命に…直接的に成長転化する」（200頁）。「革命の推進勢力はプロレタリアート、農民、都市ブルジョアジーであるが、主要にはプロレタリアートと農民である」（200頁）。

③　革命の指導。「あらゆる種類と形態のプロレタリアートの階級闘争は、主要な任務、即ち、資本主義の廃絶、社会主義革命に従属させられなければならず、あらゆるプロレタリアートの階級的組織はその頭をなす政治組織、共産党に指導されねばならない」（202頁）。

④　社会民主主義に対する態度。「現在の状況では共産党の発展は、社会民主主義との闘いの中でしかあり得ない。この命題は日本にも完全に適用される。…共産主義者は、いわゆる「左翼」社会民主主義者を特に粘り強く暴露しなければならない」（203頁）。

⑤　日本共産党指導部の基本的な誤謬。

「同志星〔山川均〕」は、共産党を労働組合の左翼に解消させ、「共産党の役割の無理解と過小評価」（202頁）、「解党主義的傾向」（203頁）。「同志黒木〔福本和夫〕」の「分離・結合論」は、「純イデオロギー的契機のみを過度に…際立たせ」（205頁）、「党をプロレタリアートの大衆団体から孤立させる方針」「大衆団体を分裂させる方針」（204頁）

(6)　行動綱領、スローガン

「一、帝国主義戦争の危険に対する闘争」「三、ソ連邦の擁護」「六、君主制の廃止」等々（207頁）。「こうした要求を掲げた闘争は、プロレタリアート独裁への道である」（同）。

とりわけ目立つのは、日本資本主義についての急速な没落論や没落直前論を排却した依然たる上向的発展の認識であり、コミンテルンの指令に応じて再建された共産党の牛耳をとる福本イズムに対する厳しい論判である。山川イズムに対する批判は比較的に穏やかであった。

さて、福本イズムと「27年テーゼ」に批判的に対立する思想・理論に立つマルクス主義の研究者、運動家、芸術家達は機関誌『労農』に因んで、いわゆる労農派と呼ばれる集団を形づくった。顔ぶれは、日本でのマルクス主義創成を牽引してきた堺、山川、荒畑に加えて、猪俣、大森義太郎らの研究者達、前出「政治研究会」の流れを継ぎ雑誌『大衆』（26年3月創刊）に拠る鈴木、黒田、高野実、伊藤好道、岡田宗司らの運動家達、労農芸術家連盟の共産党系との分解のなか『文芸戦線』（24年6月創刊）に拠った青野季吉、葉山嘉樹、金子洋文、小松近江、平林たい子らの芸術家達であった。

第一次共産党に加わっていた人士も多かったが、党派ではなく同人組織の緩やかなグループであり、指導的幹部の山川、猪俣、鈴木を例にとっても思想的、理論的にかなりの相異が所在した。山川自身も労農派という党派的呼称を否認していた。「「派」というようなものをつくる考えもないし「派」と呼ばれるのは不愉快だった」（日本の社会主義』、215頁）。

『労農』発刊に就いて」を締めくくるスローガンは、「政治的統一戦線の形成へ！　組合運動の全国的統一へ！　宗派的分裂主義との闘争へ！」（⑧－131）であった。

ここに、「〔日本の〕マルクス主義陣営が…二つに分かれた」（「日本の社会主義」、215頁）のであった。

山川は福本による批判の展開に対して、反論をいっさい書かなかった。その態度は理論闘争の回避だと非難された。27年にいたって初めて福本イズムに対する反批判を、季刊雑誌『社会科学』（改造社）27年8月特集号「理論闘争批判」の「私は斯う考える」で公表した。「無産階級運動の方向転換」への様々な批判や疑問に対し、こと細かな論点に立ち入って自論を再説明する行で、単一無産政党を結成し発展させる実践的な経験の積み重ねを通じて前衛部分を成長させる展望を表明する。「私は、わが国における最近の形勢の下にあっては、大衆的な単一無産政党の過程を犠牲としてではなく、…大衆的な単一無産政党を…実際に実現する…努力の発展との関係においてのみ、この実践の発展を通じてのみ、前衛は真実に成長し成熟するものだと信ずる」（⑧－28）。

『労農』創刊号（27年12月）の巻頭論文「政治的統一戦線へ！―無産政党合同論の根拠」は、「27年テーゼ」への対抗テーゼであった。

「わが国におけるプロレタリア前衛の根本戦略は、…反動的・帝国主義ブルジョアジーの支配に対して、いやしくも反対勢力としての作用を存しているいっさいの階級と社会層とを動員して、強大な反ブルジョアジーの戦線を形成し、反ブルジョアジーの勢力を形成することにある」（⑧－141）。プロレタリアートの戦略目標は帝国主義的ブルジョアジーを打倒する社会主義革命であり、革命運動の同盟者は半プロレタリア化した小作農民である。

「明治維新は、その本質においては、ブルジョア革命であったが、それはブルジョア革命を完成したものではなくて、その発端であった」（133）。「わが国の資本主義は明白に帝国主義的性質を帯び、独占的金融資本の支配が拡大しかつ鞏固となるに従って、ブルジョアジーはますます反動的な性質を帯びるにいたった…。そしてこれは絶対専制主義の残存勢力がブルジョア化し、ブルジョアジーがこれを同化することを、極めて容易ならしめた」（135～6）。「貴族、官僚、軍閥等は、今日もはや、全体としてブルジョアジーとの間に、何らの根本的対立をもしておらぬ。…最も重要な絶対主義の遺制と認められている×××〈君主制〉そのものについても、同様である」（138）。

社会主義革命を戦略目標としつつも、大衆にとって資本主義か社会主義かの選択が未だ現実の問題になっていない現在、当面する戦術的任務は民主主義の徹底である。「ブルジョアジーが未完成のうちに遺棄するブルジョア民主主義の要求を取り上げ、これを、反動化してゆくブルジョアジーの政治的支配に対するプロレタリアとその他のいっさいの被抑圧民の民主主義的要求に変じ、この闘争の展開によって、…××××〔資本主義〕から新しい社会秩序に推移する根本条件を確立する」（141）。

こうした戦略戦術を担って闘う無産階級の政党は、ブルジョアジーの支配に対する反対勢力と反対要素を結集する反ブルジョア協同戦線の特殊な一形態である単一無産政党に他ならないことを再々確認する。

共産党に対しては、「わが国現在の政治的支配を、「絶対専制主義」の支配であると考える」現状認識、宗派的分裂主義者としての行動、コミンテルンの統一戦線戦術への転換に強制され無産政党の合同を主張するにいたっているとはいえ、対立党を「つぶしてその大衆をわが党に取る」（172）マヌーヴァー化した「戦闘的統一戦術」等を批判する。

6　無産政党運動の発展と終末

農民組合は日農と全日本農民組合に分裂したが、再統一の要求は強く、28年5月に両組合は合同して全国農民組合（全農）を創立した。

労農党内にあって共産党（系）の指導精神、宗派主義、分裂主義に異を唱えてきた労農グループ分子は、戦線統一の機運を見込んで、7月に東京地方に無産大衆党（書記長鈴木茂三郎）を結成した。左翼的合同あるいは右翼的合同ではなくて、全無産政党の合同する単一無産政党の実現を目指すものであった。無産大衆党はすぐに兵庫無産大衆党、秋田労農党等と合同した。

12月に、労農党、日本農民党、無産大衆党の全国政党と中部民衆党、九州民権党、信州大衆党、島根自由党の地方政党の7党が合同し、日本大衆党（日大党）（平野力三書記長）を設立した。

しかるに、合同早々、田中首相から平野と麻生に渡った資金に関するスキャンダルが暴露されて「清党」をめぐる内紛が生じ、諸派入り乱れて激しく抗争した。党内の左翼少数派の旧無産大衆党系、鈴木茂三郎、黒田寿男などは中央執行委員を辞任し徹底調査を求めて、党から除名された。分裂反対統一戦線同盟を作って麻生らの責任を追及した堺利彦らも除名された。旧無産大衆党系は、東京無産党を中心に地方的政党を結成して勢力を維持した。

「清党」運動や東京無産党結成の是非をめぐり労農グループ内部に対立も生じた。山川の回顧では、「我々が考えていたような単一政党の実現はほとんど望みがない、…共同戦線党という思想のために多くの同志が必死の努力を続けてきたことにたいし、非常に責任を感じました」（「日本の社会主義」、252頁）。山川は責任をとって『労農』同人から脱退した。

その後は、堺、荒畑、大森などと連携しあったし、『労農』にも頻繁に再登板したものの、同人には復帰しなかった。

『労農』は31年10月号で「第二次世界大戦の危機と闘へ！」のアピールを掲げて発禁にされ、その後も発禁続きで廃刊に追いこまれた。山川自身は原稿商売でも盛名を馳せていたし、『中央公論』、『改造』、『経済往来』などで無産政党運動の離合集散やファシズム出現の時勢に関する文筆活動で活躍し続けた。

一方、労農党再建を思念する大山らは、共産党系の激しい攻撃、コミンテルンの指針に忠実に新労農党即時解消論を主張した分子の分裂、・脱党に抗しつつ、コミンテルンの指針から離反して、11月に合法的大衆政党として第二次の労農党—正式党名は労農党。以下では新労農党と表記—を創立した。

この間、社民党は単一無産政党を排撃して大右翼結成に向って邁進し、社会民政党（八幡）、労農民衆党（名古屋）、佐世保民衆党等の地方政党を併合した。ところが、右傾していた総同盟の内部で大阪を拠点に左翼勢力が抬頭し、総同盟中央委員会は左派幹部と左派組合を除名した。左派は29年9月に労働組合全国同盟（全国同盟）を結成し—総同盟第三次分裂—、30年1月に全国民衆党（全民党）を結成した。

30年2月、普通選挙権による第二回の衆議院総選挙がおこなわれ、民政党の浜口雄幸内閣が圧勝した。選挙戦に臨んだ無産政党は、社民党（安部磯雄委員長）、日大党（麻生久委員長）、新労農党（大山郁夫委員長）、全民党（宮崎龍介党首）の4全国政党と1ダース有余の地方政党であった。

その戦績は、次のとおりだった（⑩-359）。

	立候補数	当選者	得票
社会民衆党	32	2	170,331
日本大衆党	22	2	161,411
労農党	13	1	78,528
地方政党	23	―	77,563
全国民衆党	4	―	19,695
計	94	5	507,528 （⑩－359）

（註　遠山・安達前掲書では、無産政党の総得票数は516,538。）

ブルジョア政党の得票総数は9,966,111で、投票総数の95・15%を占めた。無産政党の得票数は28年のそれよりも2万票ほど増加したが、有効投票の総数が増加しているので、全投票のうちに占める無産政党の得票は4・85%で、かえって割合を減じた。無産大衆党関係の東京、秋田、中国の無産党も候補者を立てたが、取るに足らない得票であった。

総選挙での後退の結果、無産政党合同の機運は再び高まった。新労農党、日大党はそれぞれに独自の立場からする無産政党の合同を提唱した。

各地に続出する地方的政党の結集が合同を促進するうえで重要な役割を果たした。29年9月に岩手無産党、千葉労農党等の5政党の無産政党戦線統一協議会が発足していた。新労農党から分離して水谷長三郎は京都に労農大衆党を結成した。普選による第二回総選挙の翌月、労農大衆党と東京無産党とは合併し、無産政党戦線統一協議会に加わった。同協議会は11政党に増大した。

6月に総同盟の第二次分裂で結成の組合同盟（日大党の支持組合）と第三次分裂で結成の労働組合全国同盟（全民党の支持組合）は、小組合を加えて、全国中央組織として中間派的傾向の全国労働組合同盟（全労。委員長河野密）を結成した。組合員4万2000人は、当時の日本最大の労働組合組織であった。

全労を支柱にして、7月、日大党、全民党、無産政党戦線統一全国協議会の三派合同が実現し、全国大衆党（全大党。議長麻生久、書記長三輪寿壮）となった。

地方では、10月に新潟県において社民党、新労農党、全大党の3党合同促進同盟が組織され、12月初めには多数の府県が参加して3党合同促進全国協議会が設けられた。

全大党は12月党大会の決議で社民党、新労農党に全無産政党の合同を提唱した。直後に開かれた社民党大会は、社会民主主義に基づく合同、共産主義の排撃の従来通りの大右翼戦線統一路線を護った。だが、3党合同を主張する少数派が出現した。他方、同月の新労農党大会は全大党の合同提議を承諾し3党合同を決議した。

明けて31年7月、全大党、新労農党、社民党三党合同実現同盟の三派が合同して全国労農大衆党（全労大党。麻生久書記長）を結成した。社民党からは戦闘的な支部が分裂して新政党に参加した。麻生・三輪ラインが新政党の主導権を握り、日大党系と新労農党系は連合して党内左派の位置を占めた。

この時期、日本の政治情勢は大きく変動しだしていた。

民政党浜口首相はロンドン海軍軍縮条約を海軍軍令部や政友会、枢密院、民間右翼などの猛反対を押さえて締結し、国際的平和協調を保った。だが、30年11月に右翼青年に狙撃され翌年落命した。浜口狙撃は、政党政治を排撃する民間、陸海軍の右派諸勢力の反転攻勢の起点となった。31年3月には陸軍の右翼的少壮将校によるクーデター未遂事件が起きた。

31年9月、関東軍の謀略による満州事変が勃発し、大陸侵略戦争の口火が切られた。新聞やラジオの報道を鵜呑みした国民大衆は日本軍の「正当防衛」の戦況に熱狂し、「暴支膺懲」を叫んで好戦的排外ナショナリズムの大波に押し流された。

大正デモクラシーの自由化、民主化から国家主義化、軍国主義化、そしてファッショ化へと歴史の趨勢は反転し、無産階級運動には追い風に替わって逆風が吹きだした。

満州事変を転機に時勢は急角度に右傾し、31年10月の「錦旗革命」クーデター未遂事件、32年2月、3月に井上準之助前蔵相、団琢磨三井合名理事長を射殺した血盟団事件、そして5月の政友会犬養毅首相を殺害し、警視庁、政友会本部などを襲撃したクーデター的な性格の5・15事件など、右翼急進主義のクーデターの企て、テロリズムが激発した。

この間、第三回普選、衆議院総選挙が32年2月におこなわれ、犬養毅首相の政友会は空前の301議席を占め、民政党は146議席で大敗した。

無産政党の獲得した得票数、議席は、以下のとおりであった。

社会民衆党（安部委員長、片山書記長）は、得票数122，262、議席3。

全国労農大衆党（麻生委員長）は、得票数136，364、議席2。

前回総選挙と較べて、無産政党総体として立候補補者数33に激減し、当選者数5は同じであったが、得票総数は275，502で半分近くに激減した（⑩－380）。

5・15事件によって政党政治は大打撃を蒙った。組閣の大命は衆議院で圧倒的多数の政友会には降下せず、軍部、官僚団を中軸とする「挙国一致」内閣が政党内閣に取って代った。

ドイツでナチス革命が勝利し、日本でも抬頭するファシズムの危機が膾炙される時勢であった。満州事変以降、政党政治・議会政治はもはや復権しなかった。世相は軍国主義、ナショナリズムに覆われた。

無産陣営も例外ではなく、無産階級運動は十字路に立たされた。

社民党は「反資本主義・反共産主義・反ファッショ」の三反主義を謳っていたが、赤松書記長は時流に乗って国民主義への転換を主張し、程なく赤松派は脱党して国家社会党準備会を組織した。

他方、全労大党は、満州事変が勃発するや最長老堺利彦を先頭に対支出兵反対闘争委員会を設置して戦った。全国大会では帝国主義戦争反対を提議したが、大会は解散を命じられ幹部は検束された。32年になると、党の中心勢力である労働組合、全国同盟の一部は、国家主義とナショナリズムに浸蝕されて脱退し赤松の国家主義新党に合流した。

31年4月社民党は全労大党に合同を提議し、全労大党はこれを受諾し、7月に両党は反ファッショを旗印に合同して社会大衆党（社大党。安部委員長、麻生書記長）になった。軍部の「革新」を称する政治・国家体制改造、世にいうファッショ化の攻勢に押された合同であった。

戦後になってからの山川の見地では、「社会大衆党の成立により、前後7年のあいだ対立抗争を続けていた無産政党の戦線統一がはじめて完成され、無産政党運動がその出発にあたってめざしていた単一政党の目標が、形の上では実現されたのであるが、しかしこの時すでに、無産政党は死せる屍に近いものだった」（「社会主義政党の話」、⑩-381）。

これに先んじて、労働組合戦線において、総同盟を中心とする日本労働組合会議結成に全労大党の支持団体たる全労が参加し、労働組合運動における大右翼結成が進行中であった。

総同盟と全労の合同に反対する新労農党系・日本大衆党系の組合は、34年11月に労働組合の全戦線的統一を掲げて日本労働組合全国評議会（全評。加藤勘十議長）を結成した。

33年6月に獄中の共産党最高幹部佐野学、鍋山貞親は『共同被告に告ぐる書』を公表し、センセーショナルな転向を声明した。爾後、高橋貞樹、三田村四郎、田中清玄（武装共産党委員長）、風間丈吉（非常時共産党初代委員長）等々が、続々と転向を表明した。第二次共産党思想・運動の破局の徴表であった。

34年10月の陸軍パンフレット「国防の本義と其の強化の提唱」は、国防の名において国家総力戦・国家総動員体制への指針を示した。その現行体制是正のプログラムを労農運動の指導的幹部麻生は社会主義的傾向の表明として評価した。

軍部に接近し体制改造による現状の打破、これが無産政党指導者達の追求する無産階級運動の新方向となってきた。労働者大衆も強大化する排外主義的ナショナリズム、国家主義に惹きつけられ、現行体制の打破に期待を寄せた。無産者大衆の軍部主導による支配体制改造下支えを指導的幹部の右傾や堕落等々に帰するには、あまりにも根が深かった。

36年1月に総同盟と全労は合同を果たして、全日本労働総同盟（全総。松岡駒吉会長）を結成した。労働組合運動における大右翼の形成であった。

翌月の衆議院総選挙において、社大党は、立候補数30、得票数518，849で、18議席を獲得した。その他に、全評議長加藤勘十（東京5区）は全国最高得票で当選した。労農党・東京無産党・全国大衆党を辿ってきた黒田寿男は全農に支えられて岡山県選挙区で、全国水平社の松本治一郎は福岡県一区でそれぞれ当選した。

社大党は加藤を応援した鈴木茂三郎等を除名した。社大党の軍部への接近、追従と抗争する左翼分子は党から離反し、加藤、鈴木等は全評その他の労働組合とともに、無産階級の反ファッショ戦線の統一を掲げて労農無産協議会を結成、３７年２月に日本無産党（日無党。加藤委員長、鈴木書記長）と改称した。日無党は八幡製鉄所を最大拠点にして支部数４４、党員数７０００名程とされた。なお、山川は無産政党の拡大強化の観点から日無党の設立を批判し、社大党に結集して内部から改変に努めるべきだとの見解（「無産党議員はいかに闘ったか」、『改造』３６年７月号、⑬‐２６８〜９）であった。

総選挙直後に二・二六事件が起きた。

国家の「革新」を牽引する位置を占めるにいたった陸軍の内部では、皇道派と統制派が主導権を争って激しく抗争し、皇道派の青年将校連は民間の北一輝派のファシズム運動と結託してクーデターに決起して日本を震撼させた。だが、叛乱は鎮圧され、皇道派は追い落とされ、北一輝派は潰滅した。爾後、統制派陸軍を中軸に国家総動員・総力戦に向けた国家主義的体制建設が進行した。

３７年４月に臨時総選挙がおこなわれた。社大党は、９２８，９３４の票数を得て、議席を３７に倍増した。増加した１７議席には、前回総選挙で別流派だった黒田寿男、松本治一郎も含まれており、形だけは単一無産政党に更に近づいた。日無党の加藤は再当選した。

同年１２月に人民戦線事件が起きた。日無党と全評、労農グループの指導者、加藤、鈴木、黒田、山川、荒畑、猪俣、大森、向坂等、ならびに活動家の総勢４４６名―３９０名弱など諸説あり―が一斉に検挙された。日無党と全評は結社を禁止された。

弾圧は更に労農グループ（系）の学者に及んだ。人民戦線事件に先んじて、３６年７月のコム・アカデミー事件で、いわゆる講座派の山田盛太郎、平野義太郎などが、１１月に反ファシズム文化運動の『世界文化』

グループの新村猛、真下真一などが、それぞれ検挙されていた。そして、38年2月、第二次人民戦線事件として、大内兵衛、有沢広巳、脇村義太郎、宇野弘蔵達が検挙された。

労農グループの闘いも終末を迎えた。第二次共産党に続いて労農グループも潰滅した。マルクス主義的社会主義運動は、帝国主義ブルジョア諸権力に掃蕩された。「労農派と共産党とが闘ってどっちが勝った負けたというふうに問題を取り上げるのは、問題の本質からそれていないでしょうか。…ほんとに勝ったのは日本帝国主義」(「日本の社会主義」、251〜252頁)。

検挙された山川は5度目の入獄をした。獄中で重態になり病院入院もあったが、39年5月に保釈され出所した。40年12月からの第一審では懲役7年の判決であった。控訴して44年9月控訴審で懲役5年の判決を受け、更に控訴したなかで日本の敗戦を迎えた。

人民戦線事件を最後に、すべての反体制的な運動、思想の諸団体は掃滅された。

37年6月に近衛文麿(第一次)内閣が発足した。翌月の支那事変で日中戦争は全面化した。近衛内閣は翌年4月に国家総動員法を制定して超国家主義体制建設路線を敷設し、11月に「東亜新秩序」を謳ってアジア・太平洋へ対外侵攻を拡張した。戦時体制は本格化し、上からのファシズム体制への改造が進捗した。

39年に全労は全総から脱退して産業報国会に移った。程なく総同盟も解散して産業報国会のなかに解消された。労働組合の国家的統合も進行していった。

40年3月に起きた民政党斎藤隆夫が反軍演説で議会から除名された事件で除名決議に反対した安部磯雄委員長、片山哲らは社大党から除名された。安部、片山らは国民勤労党準備会を創ったが、5月に内閣に解散を命じられた。

近衛第二次内閣が進める「新体制」運動は、政治体制面では政党の解散による全勢力の挙国結集に向かい、それに呼応して40年後半に全政党は次々に解散した。社大党は先陣を切って7月に解党し、10月に一国一党組織として成立した大政翼賛会に吸収された。労働組合も無産政党も国家総力戦・総動員の加速するファシズム体制へ雪崩のごとく押し流された。

7　プロレタリア革命の条件は実在しなかった

1920年の社会主義同盟を起点とした社会主義思想・運動の勃興と敗北の行程を概観した。波瀾に富んだ、だが、僅か20年の歴史であった。労働組合・農民組合と無産政党は、発生から、発展、分裂、解散にいたるまで、一体不二の関係にあって歩みを共にした。

17年ロシア革命の影響は日本にも波及し、大正デモクラシー状況下の無産階級の闘争を多方面にわたり鼓舞した。

社会主義運動に関しては、世界革命を目指すコミンテルンの日本支部として創立の第一次共産党は、1年半余りで解散した。再建された第二次共産党はコミンテルンの指示に従い革命的前衛党主義や赤色労働組合主義に則って奮戦したが、苛烈極まる国家権力の集中的弾圧を被ったし、労農階級を組織できず大衆から遊離し孤立した小勢力を出なかった。

労働組合法は資本家階級の反対で法案のままで終に制定されなかったものの、(男子)普通選挙法が25年に治安維持法との抱き合わせで制定され、無産階級の政治的前進の新たな基礎条件が現出した。左派、中間派、右派に分かれた多くの無産政党が生誕し競争しあい離合集散した。労働組合・農民組合運動も拡がった。だがしかし、31年の満州事変を機に暗転した。無産階級運動もナショナリズム、軍国主義、国家主義増強の政治体制改編の大波に呑みこまれ、労働組合運動、無産政党運動は右翼的に転回した。

30年代後半に、軍部の主導する超国家主義、ウルトラ・ナショナリズムを基柱とするファッショ化の体制改造は抗いようのない時代の趨勢となった。社大党も全総もファシズムへ収斂する支配体制を下支えする要素として包摂されて解散し、41年に無産階級運動は名実共に終焉した。

「4　無産政党の形成と山川の無産政党論」において「無産階級政党の諸問題」の一文を引いたように、山川は無産階級運動の行方について好悪両極の可能性を予想していた。現実には、37年に社大党が無産階級の可及的な最大限の結集を果たし無産階級の協同戦線的単一政党は曲りなりに出現したが、それは彼が予想した悪いケースの実現としてであった。とどのつまり、無産階級運動は帝国主義的ブルジョア勢力の国家総動員・総力戦体制にそっくりそのまま統合され加担するにいたった。

山川は日本社会主義同盟の発足から人民戦線事件にいたるまで一貫して在野にあり、社会主義思想・運動の最も中心的な指導者として獅子奮迅の活躍をした。

22年9月の「日本共産党綱領」作成と「無産階級運動の方向転換」の執筆・発表が同時的であったよう

に、山川はコミンテルンの路線を日本の現実的な諸条件に対応させて大衆化したプロレタリア革命への道の開発を追求した。

しかしながら、コミンテルンとの接触が深まるなかで、国際共産党日本支部としての共産党の性格、思想・行動スタイルは日本の歴史的、社会的条件に適合しないと、彼は覚識した。ロシア革命を模範とする国際共産党の日本支部の位地に対する違和感や、コミンテルンの指令に唯々諾々と服する活動家達への不信感もつのった。若手の党活動家達は山川イズムから福本理論へ乗り移って再建共産党の玉条とした。福本イズムが「27年テーゼ」によって容赦なく批判されると一夜にしてこれを捨て去ったし、福本も批判を一も二もなく受け入れ平伏した。

未だ揺籃期にある日本社会主義運動が、ロシア革命の巨大な影響を承けコミンテルンと接触して、その諸条件が未成熟の共産党の創立を中心主題にして進行したのは、不幸な出会いであった。

山川は第一次日本共産党から労農グループへいたる活動体験を通じて、革命的前衛党の活動が地下の秘密組織としてのみ可能な日本では、ツアーリズム絶対主義に対するナロードニキ以来の闘いの歴史を蓄積するロシアでのボリシェヴィキの如き成功は果たしえないことを思い知らされた。労農無産階級が直面している基礎的な経済上、政治上の課題を達成するのになによりも必要とされているのは、労働組合・農民組合の拡大強化であり無産政党の創立であることをはっきり掴み、再三再四確認した。眼前の形勢にあって無産大衆の要求に応えることができるのは、非合法的な革命政党の共産党よりも、合法的可能性を最大限に活かした労・農組合や無産政党の活動であると説き続けた。

反体制の社会思想・運動に対する国家権力の過酷な弾圧は、治安維持法及びその改正、更にスパイ政策によって、一段と研ぎすまされていた。第一次共産党一斉検挙、再建共産党の三・一五事件、四・一六事件等々が示すように、日本では非合法の地下の秘密組織の結社、政治団体が国家権力の厳酷な弾圧を掻い潜って大衆的活動を実効的に展開するのは不可能で、むしろ一網打尽に付されるのは必至であった。

一方、共産党の若手活動家達は殊に、非合法的な地下活動の経験がまったくなかった。第一次日本共産党について山川の伝えるところでは、おもちゃのような党で、党としての行動力はぜんぜんもっていなかった。彼我の力関係では勝負にならなかった。

山川の見地では革命政党の建設よりも労働組合・農民組合、無産政党への大衆の組織化こそ、社会主義運動の刻下の急務に他ならなかった。

では、革命政党の創成をどうするか。当面する合法的無産政党形成に対し、革命党の創建は最も遠大な課題であった。現下の課題である協同戦線党、単一無産政党の建設の活動を重ねて、来るべき革命政党創建の大課題にアプローチしていく展望であった。

とりわけ労農グループ形成後に、山川は寄せられる多くの批判や疑問に応えて、革命政党と無産政党の関係について諸々の観点から様々に自問し自答する多くの論稿をしたためた。無産政党の今後に関し政権獲得にも論及した。

しかしながら、現前の再建共産党の非合法主義の極左偏向活動は破綻したし、合法的無産政党の政権獲得は可能性としても生じなかった。共産党の根本的転換を介して、あるいは合法的無産政党の発展的な質的転化として、革命政党の創建が現実の課題となることはなかった。とりもなおさず、革命党建設の課題は遠大な課題のままであった。

社会主義の思想、運動は、社会民主主義であれマルクス主義であれ、全般的に幼弱な生成の段階にあった。

社会主義運動の絶対的な地盤である労働組合運動を見よう。

２０年間の労働組合運動のなかで、組合員数が最高数であったのは、１９３３年（６月）の組合数９４０、組合員数３６８，４０７、１組合当たり人員４０５・２人であった。そして、労働者階級の労働組合への組織率は７・７６％にすぎなかった（山川「労働組合運動の現状と将来」、『政経評論』３４年１月号、⑬－１３、５、７）。

労働組合の組織率の低さとともに労働組合の政治的傾向は、１９３４年には大凡次のとおりだった（「非常時に喘ぐ労働組合運動」、『改造』３４年６月号、⑬－１３、４１を簡略化）。

右　翼	２７５，０００人	６５・４％
左　翼	２４，８００人	５・９％
アナキスト系	４，０００人	０・９％
中間派	４２，８００人	１１％
その他	７０，０００人	１７％

国際的な社会民主主義系と共産主義系の分裂、敵対とも結びついて、日本では右派が左派を圧倒していた。しかも、左派の内部では共産党と労農グループが、大左翼の形成とは反対に分裂・対抗に終始していた。

東京におけるメーデー参加人員として、最高だったのは３２年の１１、５００人であった。

共産党員については、第一次共産党２３年３月の臨時党大会議事録では、１４細胞・５８人（松尾尊兊「創立期日本共産党史のための覚書」、『京大文学部紀要』１９号、７９年３月）であった。２２年１月極東諸民族大会の「日本共産党の組織と政策についての報告」（高瀬清）での「現在共産党員（わずか２０７名であるが）の40％は労働者で、15％がインテリゲンチャ（学生）」（『資料集コミンテルンと日本①』、55頁）は、誇大な水増しと見られる。これは一例で、党活動の誇大報告は常習的であった。

労農政党と労働組合、農民組合が発展した20年代末の三・一五事件で共産党、労農党、評議会、関係する書葎、調査所などの約1600名が検挙され、483名が起訴された。四・一六事件では約700名の検挙、295名起訴であった。満州事変後の非常時共産党時に党員は最多になり、33年に600人程度だった（西川洋「共産党員・同調者の実態」、渡部徹編『一九三〇年代日本共産主義運動史論』、三一書房、1981年）。全協、全農全会派、共青、プロレタリア文化連盟（コップ）などの大衆団体を影響下においていたが、当時の党員及び党支持者を合わせて、高々数千人だっただろう。徳田「日本共産党三十周年に際して」でも、戦前の共産党は「党員は千名を越すことができなかった」（市川正一『日本共産党闘争小史』、大月書店、1954年、10頁）と記す。

他方、明治維新を画期に成長した日本資本主義は、諸々の歪み、矛盾を弱点として内包しつつも、なお上向的発達の余力を保有していた。

これらからして判断できるように、再建共産党、第二次共産党が思いこんでいたような革命情勢は実在しなかった。革命近しは主観主義的な幻想だった。

有体に云うと、コミンテルンと日本共産党の思念するプロレタリア社会主義革命の条件は、日本においては客観情勢としても主体的力量としても実在していなかった。

革命的前衛党たる共産党は時期尚早であった。この日本的事情は、19世紀後半ないし末以来の社会主義運動の歴史的蓄積が在り、既存の社会民主党、社会党の分裂、再編として共産党が成立したドイツ、フランス、イタリアを対比的に想起すると明らかである。

非合法革命党第二次共産党と「合法左翼」労農グループとの闘いは、対蹠性が際立っていた。日本資本主義と国家権力に対する変革闘争の実際において、プロレタリア唯一前衛党を呼号した第二次共産党運動は、労農グループ系の日本大衆党・全国大衆党・日本無産党の運動を凌駕していただろうか。否定せざるをえない。

第二次共産党を直接指導、支援するソ連共産党・コミンテルンの政治権力、資金力は巨大であり、それに比して山川率いる労農グループの力は余りにもちっぽけであった。

しかしながら、第二次共産党はコミンテルン指令に従って、ロシア革命に倣い国家権力に対する軍事的決戦を挑み、官憲に集中砲火を浴びせられて28年三・一五事件、29年四・一六事件、32年10月の一斉検挙等、度重なる暴圧によって制圧され、大衆的な運動を組織できず奮戦の成果を挙げられなかった。革命戦略では、日本資本主義の後進性を誇大に強調して天皇制絶対主義を主敵とする錯誤につきまとわれていた。

四・一六事件以後の共産党は、29〜30年に警官の殺傷、官憲との武力衝突事件に走った武装共産党、31〜32年に戦前における最大の党組織を作る—党再建の手腕を振るったのはスパイMこと松村昇（飯塚盈延）であった—とともに、川崎第百銀行ギャング事件などを起こした非常時共産党、33年のスパイ査問事件のリンチ共産党など、奇怪な、暗がりの奥底知れない革命党であった。

再建共産党の闘いの特徴は、言葉や観念の上で資本主義体制を全的に否定するものの、現実の行動や運動は何らの前進的変革をもたらさなかった。一方では、ソ連を労働者の祖国と錯視し、スターリン主義化するコミンテルンに盲従した。

1935年頃までに、共産党の組織的運動は壊滅させられた。革命の空騒ぎは終わった。人民大衆と切断された指導的幹部、党員達は、囚われの獄中組、武力闘争決起した自爆組、袂を分かった転向組、ソ連など国外への亡命組などに分化した。

日本のファッショ化に対する第二次共産党の最もよく知られた闘いが、亡命してコミンテルンに身を寄せてきた野坂参三・山本懸蔵の「日本の共産主義者への手紙」（36年2〜3月）であるのは象徴的であった。

コミンテルンは第六回大会（28年7月）で打ちだした「社会ファシズム」論から第七回大会（35年7月）で大転換し、反ファシズム人民戦線戦術を採用した。だが、日本の共産党はそれを承けて闘う自力を既に喪失していた。しかも「手紙」は、プロレタリアートの統一行動及び反ファシズム人民戦線の闘争において、「共産主義者とその支持者は、勤労者のあらゆる合法的大衆団体、第一に労働組合や農民組合に加入しなければならない、さらにその団体加盟を通じて「社会大衆党」（日本の社会民主主義的な労農政党）に加入すべきである」（『資料集コミンテルンと日本共産党』、359頁）と指示する。第二次共産党が激しく批判してきた山川や労農グループの基本路線の数周遅れの後追いであった。

「コミンテルン執行委員会会議での岡野〔野坂〕の発言」（36年3月）は、36年2月の衆議院選挙における社大党の躍進に触れるとともに「一層特徴的なことは、日本で有名な左翼の指導者加藤が大きな勝利を収めたこと」（『資料集コミンテルンと日本共産党』、369頁）と述べ、「日本における〔37年4月衆議院〕議会選挙の結果に関する執行委員会日本共産党代表田中〔山本〕の報告書」（37年5月）は、大きな政治的変化として「社会大衆党と日本無産党は110万票以上を得て、38人の議員を当選させた」（374頁）と記す。労農グループと交わり共産党と決裂して興起した政治家、合法政党の加藤勘十、日無党の活動成果を事実として認めざるを得なくなったのである。これは一歩前進である。それと同時に、共産党の指導、「32年テーゼ」の天皇制絶対主義論や天皇制打倒方針の正当性は自明とされ、革命的前衛党主義や赤色労働組合主義の失敗を重ねた共産党の自壊は押し隠されたままであった。

日本共産党による革命は迷夢にすぎなかった。一貫してブルジョア支配階級が恐れ警戒したのは、何よりもコミンテルン、ソ連の国際的進攻であり、日本の共産党がそれを手引きする尖兵役を果たすことであった。国家権力による苛酷な弾圧は、第二次共産党の内発的な革命性の証では決してなかった。

しかし、第二次共産党の思想・運動は、何よりもロシア革命とソ連の社会主義建設への挑戦の余光を背にしていた。そして、革命の理想を追って国家権力との苛烈な闘争に命を賭ける、ヒロイズム的な熱情、献身は際立っていた。特高の拷問による殺害—岩田義道、小林多喜二ら—にいたる苛烈極まりない弾圧の集中も、心情的支援を喚起せずにはおかなかった。

それゆえ、固有の理論的思考は貧しく、教条主義的でセクト主義的な日本共産党による革命は幻であっても、ロシア革命と社会主義に憧憬を寄せるインテリや学生へのアピールは強烈であったし、心情を揺さぶられたシンパに対するイデオロギー的影響力は甚だ強く大きかった。

日本共産党は天皇制ファシズムと闘いぬいた唯一の政党という美談は、戦後に拵えられた伝説である。獄中18年の徳田や志賀義男らが不屈の英雄視されるようになった経緯に関しては、他日の検討を期したい。

第一次共産党の主力であった古参派、なかでも山川均は、ロシア革命に感激しレーニンに共鳴しつつもその特殊性を認識し、マルクス主義の革命思想・運動の日本的条件に対応すべき独自のあり方、国土に根差す運動を探索した。そして、何よりもまず労働者、農民大衆の求めている闘争を推進し、労働組合・農民組合を強化すると同時に共同戦線党たる単一無産政党を創設する運動に努めた。資本主義の没落とプロレタリア革命勝利の歴史の必然性を盲信し革命近しの夢に駆られた第二次共産党とは対照的に、山川は組織・運動の実体をしっかり見据えていた。日本の現状の概ね的確な分析に立脚した合理的で柔軟な粘り強い闘いであった。ただ、その独自な路線を組織化する実践活動は、諸般の事情に病弱で性格的に淡泊な山川の個人的事情も加わり、力強さに乏しいところがあった。

山川は労働組合運動の大右翼的統一を目前にして、「労働階級が最少の後退によって自らを維持するための陣地の築造に成功しなかった」(「労働組合運動の現状と将来」、『政経評論』34年1月号、⑬-9)と、左翼の闘いを陣地戦に擬えたことがあった。山川が思考し促進した労働組合運動、無産政党運動は、まさしく現今で言われる陣地戦であった。イタリア共産党を創建したグラムシの秀逸な革命論において、「機動戦」は国家権力に対する正面攻撃の短期的な政治・軍事決戦を挑み、「陣地戦」は社会に根づいている政党、情報機関、宗教組織、労働組合等々の支配階級の「ヘゲモニー装置」に対抗する拠点たる陣地を構築する長期間の漸進的な闘争を重ねる。山川は第二次共産党による「機動戦」に対峙し「陣地戦」を押し進めたのであった。

8　平和的な民主主義革命を求めて

45年8月、日本はアジア・太平洋戦争で未曽有の大敗戦を喫し、ポッダム宣言を受諾し降伏した。連合国軍総司令部（GHQ）マッカーサー最高司令官の軍事占領下におかれ、非武装化、基本的人権の確立、経済の民主化など、民主主義革命の政策が一挙に急テンポで進展した。軍部主導ファシズムの抑圧下にあった諸勢力は占領軍によって解放された。いわば「外から」の民主主義革命であった。

４５年１１月、敗戦直後の経済的な破局、政治的な混沌のなかで、日本社会党（英語名 Social democratic party of Japan）は、戦前の無産陣営右派の指導者であった西尾末広、平野力三らのイニシアティブで、戦前分裂していた無産諸政党、右派の社民党、中間派の新労農党、左派の日無党が大同団結し、民主主義体制、恒久平和、社会主義の実現の三大目標を掲げて発足した。諸派の寄り合い所帯にあって右派が主流を占め、委員長は空席、書記長片山哲であった。

踵を接して同月に、日本自由党（総裁鳩山一郎）、日本進歩党（総裁町田忠治）が結党した。

共産党は、４５年１０月に出獄した徳田、志賀らが「人民に訴ふ」を声明し、連合国軍を解放軍として歓迎するとともに天皇制打倒、人民共和政府の樹立を掲げて活動再開した。１２月に党再建の第四回大会を開いた。

総ての勢力が民主主義を標榜することを競ったが、どの政党も占領軍の民主化政策に追いつけず、その後を追いかける状態であった。

敗戦時既に歳６５に達していた山川は、すぐに田舎から上京し旧友達と連絡をとり、無党派として社会主義運動に再出発した。

４６年１月、山川は無産階級運動、社会主義運動の長老にして声望ある人士として、新生の民主主義日本の建設を推進する広範な民主人民戦線の結成を訴えた。

民主人民連盟結成大会での提案では、「民主戦線運動の目標は、…旧支配勢力に代わるべき恒久的安定的な民主主義政治勢力を確立し、これによってファシズム、軍国主義、封建主義の残存勢力を掃蕩し、これらの反動勢力のために破壊された国土を復興し、政治、経済、文化のあらゆる部面における建設的任務を遂行することである」（民主人民連盟一般運動方針」、46年7月、⑮-11）。組織構成は、日本民主化を徹底的に追求しようとするすべての政党、労働組合、農民団体、種々なる文化団体、言論機関および個人の結集であった。

折しも共産党野坂参三が中国から帰国し、民主戦線結成を共産党中央と共同で声明した。

山川は帰国歓迎国民大会を呼びかけ、実行委員長を務めて大集会を催した。

民主人民連盟結成の世話人は、山川、野坂の他、石橋湛山、末広厳太郎、羽仁説子、長谷川如是閑、横田喜一郎、森戸辰男など、幅広く選り抜きの著名人が名を連ねた。しかし、社会党からの参加はなかった。

4月に民主人民連盟結成準備大会をもち、連盟主催の幣原内閣打倒人民集会を開催、20万人の大衆が参加した。社会党、共産党は民主人民連盟が第三党の形成に繋がることを警戒した。翌月に社会党は「救国民主連盟」を提唱した。共産党は民主人民連盟結の形成に応じる姿勢から解体の方向に転換した。

7月に民主人民連盟は創立大会を開いたが、著名人士の世話人からの離脱が相次ぎ存在感を失った。帰する所、民主人民戦線は右派主導の社会党、及び共産党との対立の壁にぶつかって結実するにいたらず、連盟は翌年5月には自然解散した。

敗戦日本は未曽有の経済的、社会的、政治的な瓦解と大混乱の極みにあった。生産危機は刻々として迫り、食料不足、インフレの慢性化で国民生活は破綻していた。国民大衆は塗炭の苦しみに喘いだ。労働不安で労働争議が頻発しストライキが続発した。

労働組合のナショナル・センターとして、戦前の旧総同盟系（右派）を中心に旧全労系（中間派）や旧全評系（左派）も合流し、46年8月に日本労働組合総同盟（総同盟。会長松岡駒吉）を結成した。同月には、共産党系の全日本産業別労働組合会議（産別会議。議長聴涛克己）も発足した。総同盟も産別会議も基本的に企業別組合の連合体（寄り集まり）であった。

当時最大の組合員を擁し多数の大企業労働組合が加盟していた産別会議は、緊切な賃上げや生活保障の権利のために闘う一方、共産党の指導で吉田内閣打倒、左翼政権の樹立を目指し47年2月1日のゼネストを計画した。

これに対し、山川は直截にゼネスト戦術を批判した。「現在の条件のもとで、仮に政治的ゼネストによって吉田内閣が潰されたとしたならば、その後に人民共和政府の樹立される幾らかの条件と幾らかの可能性〔は〕全然ない」（「ゼネスト戦術の批判」、『北海道新聞』46年10月、⑮-49）。かえって政治的ゼネストに対する小資本層や農民の恐怖と憎悪により社会不安が起きるし、旧勢力の急速な結集に逆利用されると見込んだ。

産別会議の「二・一ゼネスト」計画は、連合国最高司令官のマッカーサー元帥の命令で中止させられた。

産別会議と総同盟は敗戦後の経済再建の基本的方式をめぐって対立した。前者は労働者による復興、後者は労使協力による復興であった。

総同盟は産業民主化による国民経済の再建のために労使間での労働協約の締結と経営協議会の設置に取り組んだ。高野実らの左派もまた、労使協調に陥るのを危惧しながらも、破滅的な経済の復興を果たすうえで主導的な建設的役割を担う立場だった。

社会党と自由党の経済政策上の根本的争点は、統制経済か自由経済かにあった。だが、自由党は即座に自由経済を実施するのではなく、当座は経済の復興を図るために強力な統制経済をおこなう政策を採った。その際、吉田首相は労農グループ系マルクス経済学者有沢広巳を私的ブレーンにして石炭・電力・鉄鋼等の主要産業の復興を優先する傾斜生産方式を採用した。

４７年２月に経済復興会議が総同盟、経済同友会を中心に、議長社会党鈴木、副議長に財界と労働界のリーダーなど、労使双方の代表的な幹部を網羅して成立した。

こうした状況にあって、産別会議のゼネスト計画を厳しく批判した山川は、総同盟にも産別会議にも入っていない中立労組のナショナル・センター、日本労働組合会議の４６年１０月の結成大会に際して、産業復興計画への参加協力を提案した。「資本家は労働者の労働権、団体権、団体交渉権を確認し、労働者は資本家の企業権を認め、双方同等の立場に立って日本の民主化、産業の復興、およびその隘路打開に協力する」(「生産再建運動の件」、４６年１０月、⑮－３８)。

さて、山川が課題としたのは、平和的な民主主義革命であった。民主主義的な方法による平和的な革命こそが、敗戦日本の置かれている現実的諸条件に対応する唯一の道であった。

彼によると、平和的民主革命は第一に連合国の占領政策に掣肘されていた。「日本の民主化は、ポッダム宣言の意味する範囲内では降伏条件の履行であり、したがって、不可抗的な力によって命令されているものである」(「民主革命とその「限界」」、『前進』４８年１月号、⑯－３４)。第二に生産力のこれ以上の低下を許されない国民的必要によって掣肘されていた。「民主主義的変革の過程が、国民全体の生存を維持するための経済再建の過程と不可分にからまっている」し、経済の再建は資本の独裁と搾取の体制を復興することではなく「すべての働く者に生存と向上とを保証するような、新しい経済体制の樹立が含まれている」(同)。

かような民主主義革命の性格に労働組合の闘い方も規制された。労働者階級は経済の再建にあたり主導的な役割を果たすべきだし、労働組合運動は階級的見地に立って経済再建の計画を作り遂行できるように努めるべきである。「この発展した形の階級闘争は、もはや部分的ないしは一般的な生産活動の停止というような闘争形態によってのみ遂行されうるものではなく、資本家的ないしは資本主義的な経済再建の方式に対して、労働階級の独自の再建方式を対立させることによって展開されねばならぬ」（149）。労使協力の産業復興にあたって、労働者階級は生産管理闘争の一面をもって経済再建を担う。

産業の国有化についての山川の所説にも注目する。

社会党は結党大会で重要産業の国有化を唱え、片山内閣は炭鉱国家管理を社会主義への第一歩として政策の目玉にした。だが、法案は成立にあたり骨抜きにされたし、所期の効果を挙げることはできなかった。

山川「日本政治の新段階」（『世界評論』48年1月号）によると、社会党は重要産業の国有化を資本主義経済から社会主義経済に辿りつくための鎖の第一環とするが、「産業が国有に移されることは…国家資本主義への方向をさす政策ともなりうるし、または官僚政治の経済的基礎をつよめる材料ともなることができる。そして国有化された産業が社会主義経済の材料となるか、それともその他のものの材料となるかは、どのような性格の政権が樹立せられるかによって決定される」（⑯‐60）。国家所有化は時として当該産業の資本家の救済や資本主義的要求をみたすために施行される。「産業の国有《ないしは国家管理》は、社会主義の見地からも主張しえられるように、帝国主義の見地からも、ファシズムの見地からも、国家資本主義、「組織された」資本主義、ないしは「修正された」資本主義の見地からも主張しえられる」（同）。それゆえ、「産業の国有または国家管理が、真実に民主化の一つのゆき方ないし一つの形態となるためには、国有または国家管理は、経営のてっていした社会化の線までおしすすめられねばならぬ。経営の社会化をともなう産業の国有または国家管理は…社会主義の方向を指す政策ともなることができる」（62）。

指摘している多くの事柄は当を得ている。但し、「社会主義の見地」からの「産業の国有」に関して、重要産業の国家所有・経営化を社会主義的所有・経営への第一歩に位置づける、ロシア革命後のレーニン（主義）以来定着した路線の正当視が窺われる。

政治の民主化に移る。

敗戦後の日本は政治的には星雲状態にあった。

４６年４月、大日本帝国憲法下での帝国議会衆議院総選挙が男女普通選挙制を初めて採用しておこなわれた。自由党（総裁鳩山一郎）が１４０議席を獲得して第一党であったが、鳩山の公職追放にともない吉田茂が首班となった。社会党（委員長片山哲）は第三党で９２議席、共産党（書記長徳田球一）は５議席であった。

新憲法、日本国憲法が国民主権、基本的人権、平和主義を基本原理にして公布されたのは、４６年１０月、施行されたのは４７年５月であった。

４７年４月、男女普通選挙権による初の参議院選挙、ならびに衆議院選挙が挙行され、社会党は両院ともに第一党に躍進した。第一回の参議院選挙は、全議席２５０中、社会党（委員長片山）４７、自由党（総裁吉田）３８、日本民主党（総裁芦田均）２８、国民協同党（委員長三木武夫）１０、共産党（書記長徳田）は４だった。衆議院選挙は、社会党は１４３議席を獲得して比較第一党となり、自由党１３１議席、共産党は４議席であった。

６月、片山を首班とする社会、民主、国民協同、緑風会の三党一会派の連立内閣が成立した。

社会党は前年９月の第二回大会において委員長に片山、書記長に西尾を選出し、右派主導を固めていた。社会党からの入閣者はすべて右派であり、西尾が官房長官として実権を揮った。左派は連合して五月会に結集し、党内野党を宣明した。

４７年５月、民主人民連盟常務評議会は山川の提起を受け解散し社会党に合流した。

民主人民連盟運動を通じて、人民戦線事件以降四散していた労農同人の再結集が進んだ。但し、主要メンバーとして活躍した猪俣津南雄、大森義太郎は、戦中に早逝していた。

民主人民連盟解散とともに、旧労農グループは47年8月に機関誌、月刊『前進』(編集委員代表山川、向坂)を、11月に研究誌、季刊『唯物史観』(編集代表大内兵衛、向坂)を創刊した。

片山内閣下で社会党の左右の対立抗争は激化した。48年1月の社会党第三回大会では、右派主導は維持されたが、左派が抬頭し三党一会派の政策協定は紛糾の末366対345で破棄が決定された。中央執行委員選挙では右派17名、左派12名となった。

翌月に、左派は政府補正予算案に反対、左派を率いる党政調会長鈴木茂三郎が委員長を務める予算委員会は政府案撤回の動議を可決した。連立した政党との対立があったのに加え、この内紛によって片山内閣は総辞職に追いこまれた。

48年3月、政権は民主、社会、国民協同3党連立の芦田内閣に移譲された。だが、やはり不安定であり、政権たらい回しの批判を浴びた。

9月になって昭和電工疑獄事件が表面化し、官界、政界の重鎮に続いて芦田内閣の諸閣僚とともに副総理の西尾も政治献金問題で逮捕される事態になった。西尾は収賄容疑で起訴され、10月に社会党中央執行委員会は内閣総辞職を決定し、芦田内閣は総辞職した。

社会党では前年に片山内閣の農相平野力三の罷免問題が生じて、平野派は脱党し社会革新党を結成し、右派は弱体化していた。そこに西尾の失脚が加わり、結党以来の右派主導は終息した。

49年1月の総選挙は政権政党、民主自由党（総裁吉田）が264議席を獲得して圧勝した。第二党の民主党（総裁犬養健）は69議席。社会党は選挙前の111から48議席に転落する惨敗を喫した。片山委員長、西尾元書記長、野溝勝新書記長なども落選した。芦田内閣の予算案に反対して社会党から除名された黒田寿雄ら衆参議員が前年12月に結成した労働者農民党（主席黒田）も選挙前の12から7議席に大幅減少した。その反面、共産党は前回選挙の4から35議席に躍進した。

第三次吉田内閣が発足した。

（補）天皇制

山川の天皇制に関する議論は極めて乏しい。

戦前にあっては、大逆事件の恐ろしさは社会主義者達の骨髄に浸みていた。第一次共産党では、国家権力による弾圧の口実を与えないように慎重を期し天皇制論議を極力回避するのが全般的傾向であった。23年3月の第一次共産党の綱領を論議した臨時大会で、堺利彦が大逆事件の生々しい経験に基づいて天皇制を議題にするなら退席すると言ったのは、社会主義運動家として備えるべき防衛措置であった。

『労農』創刊号の山川「政治的統一戦線へ！」は、天皇制に言及した。日本資本主義は独占的金融資本の支配の拡大、鞏固化に従い、ブルジョアジーはますます反動化してきた。それとともに、「資本主義の発達に伴うてすでにいちじるしく変質せしめられているところの、いわゆる封建的残存勢力が、さらにこの時期において、急速にブルジョアジーの勢力に同化せられている…。貴族、官僚、軍閥等は、今日もはや、全体としてはブルジョアジーとの間に、何らの根本的対立をもしておらぬ。…最も重要な絶対主義の遺制と認められている×××〔君主制〕そのものについても、同様である」（⑧－138）。

しかし、近代天皇制は「封建的残存勢力」、「最も重要な絶対主義の遺制」ではなかった。薩長土肥の旧下級武士を主力とする明治維新勢力は、幕末以来分裂した国家・社会を統合し、民族的・国家的独立を確保するのに絶対に不可欠の、徳川将軍に代位する政治的な権威、求心力を求め、古来不変の日本の主とされる天皇（家）を新国家への結集や国威宣揚のシンボルとして最前面に押し立てた。天照大神以来「万世一系」を誇る天皇家に関する神話を原材に新たな伝統を現在的に創りだしたのであった(「伝統の創出」について、E・ホブズボウム、T・レンジャー編、前川啓治他訳、『創られた伝統』、紀伊国屋書店、1992年、参照)。

戦後の山川は、天皇制についての数本の論稿を発表した。彼は民主人民戦線運動と同時に、新歴史協会を立ちあげ日本史研究に取り組んだ。惨憺たる敗戦、戦後革命にもかかわらず変身を遂げて存続する天皇制に関心を注いだ。

「天皇制論議の基本問題」（『太平』46年3月号）では、新憲法制定以前にあって、天皇の存続か、廃止かの争点をめぐり、「徹底的に天皇の廃止を主張する人々の見地からは、国家的儀礼を司るにすぎない天皇をなお存続させなければならぬ理由はどこにある?…という反問が出るに違いない。しかしこの最後的の問題を最終的に決定する…ためには、人民の総意を問うほかかない。…わが国の民衆が、この問題に理知的合理的な答えをあたえ得るためには、私は少なくとも一〇年の準備を要すると思う」（⑭－３０１）。「天皇の再神格化」（『中央公論』５１年2月号）は、天皇制について戦前戦後を通して一番まとまりのある稿である。

新生日本を目指していた支配勢力は、第二次吉田内閣の前後から、アメリカ占領軍が平和非武装の民主主義的な日本を極東における軍事的な最前線基地化する方向に転じたのと軌を一にして、復古政策推進へ方向転換した。一旦は解体された官僚機構や警察機構は復位し、予備隊や海上保安隊を設置し更には正規の軍隊の復活へ進んでいた。

「他の一面は、精神的な支配である。もっとも暴力的な暴力支配でも、イデオロギーに支柱を求めなかったものはない」（⑰－１９５）。「復古主義の日本にも、魂の復古が要求されている」（１９６）。その中心的問題は天皇（制）である。

このように論を運んだ山川は、明治の革命による国民的統一国家の形成を果たすべく「国民国家の象徴として、現身神の天皇を創造〔した〕」（１９７）と、近代天皇制の生成を説く。そして、資本主義の発達、ブルジョア階級の成熟につれ、天皇制はブルジョア支配勢力にますます同化され、天皇自体の政治権力は存在しなくなったと捉える。「天皇はつねに日本の資本主義的軍国主義の象徴として、常に日本の帝国主義的進軍の先頭にひるがえる錦旗だった」（同）。

但し、大日本帝国の軍事法制上で陸海軍の最高統帥権者たる大元帥と定められている天皇の戦争関与に止目すると、昭和天皇は明治天皇、大正天皇と異なり積極的役割を担った。明治天皇は日清・日露戦争に際して軍の指揮にいっさい口を挟まず作戦に関与しなかったが、軍部ファシズム勢力主導のアジア・太平洋戦争において、昭和天皇は対米戦争への突入や劣勢化する戦局の打開をめぐり、軍の指揮をチェックし作戦について発言した。山川は大元帥として昭和天皇の果した軍事的役割を等閑視しているところがある。

敗戦の後の天皇制については、新憲法制定により「天皇はいっさいの政治権力からは完全に引き離され、儀礼的な存在、ないしは国家機構の装飾物にすぎないものになった」（197）が、支配勢力がもう一度祭壇に復活させようとしているのは、「政治的に支配する天皇ではなくて、思惟や感情や情操を支配する天皇である」（198）と分析する。

山川の天皇制論議の基調は、明治維新を率いて憲法の制定を進め国家創建の中心を担う伊藤博文が、「我国の機軸は何なりや」を問うて、「我国に在ては、宗教なる者其力微弱にして一も国家の機軸たるべきものなし。…我国に在て機軸とすべきは独り皇室あるのみ」（『枢密院会議議事録』第一巻）と、人心帰一の機軸として天皇・皇室を位置づけたのと通底する。

天皇制の問題に国民が聡明な判断を下しうるには相当の年月を必要とするという山川の見通しは、慧眼であろう。

天皇制に関するかぎり、共産党の理論的、実践的優位を主張する論者は少なくない。ところが、共産党・講座派の「絶対主義天皇制」論は、天皇（家）を最強国家権力に位置づけ、そのうえにレーニンの「国家＝暴力装置」に偏倚した「国家＝機構」論を承継して国家のイデオロギー的側面の解明を欠く、軍事的天皇制の一面的強調であった。

対応して、第二次共産党や51年末～54年の極左冒険主義の共産党は、天皇制のイデオロギー性、民衆に定着している天皇崇敬の心情を無視して天皇制打倒を掲げ、武装闘争を繰り広げて、大衆から遊離し、警察権力の弾圧に解体的な危機に瀕せざるをえなかった。民主主義的変革の一環として、国家による人心統御の機軸である天皇制を社会的に掘り崩す闘争こそ、当座の課題であっただろう。

いずれにせよ、民衆一人一人の心の底にある何かの権威に帰依せずにはいられない精神的状況の変革に裏打ちされなければ、天皇制問題の解決にはいたらない。内なる天皇制、ここに天皇制問題の本質的核心は存する。

仮にコミンテルン＝日本共産党の指針に従って天皇制が打倒されたとしても、左翼天皇制の全体主義的国家が取って替わる羽目になるのは不可避的であったに違いない。ロマノフ王朝を暴力で断絶させた１０月革命がスターリン独裁国家へ帰結したように。

マルクス主義的社会主義の国家に対する根本的立場は国家の死滅であって国家の廃止ではない。宗教に関しては、権力的解決ではなく自然消滅するのを俟つのが基本であろう。天皇制についても、暴力的手段ではなく民衆的な思想、言論の自由な闘いを通じて枯れ死にさせて克服する、これが基本的指針であろう。

9　山川新党への挑戦、蹉跌

片山内閣の社会党左派の反乱による総辞職に直面して重大な岐路に立たされている社会党に開かれている

二つの進路を、山川は次のように表明した。「その一つは、自由主義的進歩的な小ブルジョア政党に代って、またはそうした政治勢力との協同によって、政権にちかづき、最低綱領の実行を試みる機会を掴むこと、もう一つの道は、労働大衆のあいだに成長し、民主主義的意識を代表して、民主主義革命を徹底的に追求すること」（「社会党の危機」、『前進』48年2月号、⑯－93）。同時に「社会党に内在する二つの重大な弱点」を指摘した。「第一には、社会党の無理論無原則的な性格」（95）であり、いま一つは、左翼的なドイツ社会民主主義ではなくて右翼的なイギリス社会民主主義への立脚だった。

そこで山川グループは、平和的な道による社会主義的変革の展望を確実にする諸条件を整えるために、徹底的な民主主義革命を推進する「労働階級を主要な階級的基礎とし科学的社会主義の見地に立つ社会主義政党を必要とする段階に達した」（「覚書」、48年7月、⑯－200）と、社会主義新党の創成を申し合わせた。

新たな社会主義党を創建するのに、「現在の日本社会党とは全然無関係に新党を樹立する方法を選ぶべきか、または日本社会党を基礎とすべきかについては、後の方法を有利」（201）と判断した。そして、現在の社会党は何らかの形で分裂することは避けられないので、左派の拡大、成熟に努めると同時に、右派との分裂が社会主義党樹立の見地から最も有利な時機と形勢のもとでおこなわれうるような機会をつかむ用意を進めるとした。社会党左派勢力の主体と想定したのは、「政経通信を中心とする集団」（202）、即ち日本政治経済研究所鈴木茂三郎派であった。

芦田連立内閣が総辞職して第二次吉田内閣が発足した48年10月、山川グループは社会主義政党結成推進協議会実行委員会を結成した。

翌月発表の同実行委員会の「社会主義政党結成促進運動の発足にあたり」は、社会党の樹立以降進めてきた主要な政策や活動の諸欠陥を列挙し「社会主義政党から完全に小ブルジョア政党に変質した」（⑯－

277）と難詰した。「二・一ゼネスト」を煽った共産党に対しても、「暴力革命の前夜的な戦術をとることにより」「民主革命を推進する力としての労働階級を孤立化し、弱体化し、…全面的な後退を余儀なくし…、反動期をみちびき入れる契機を作り出した」（278）と指弾した。そのうえで「「われわれ自身の政党」を樹立するために即時積極的な行動をおこさなければならない」、「すべての既成政党にもはや見切りをつけなければならない」（274）と訴えた。

山川「日本社会党は再組織せよ」（『前進』48年12月号）は、社会党に変革ないし更生があるかどうかを問うて、ボス的勢力の連合体の性質の固着した党の更生を図る左派勢力の努力も望みがないと見做し、「ただ一つ残された道は、日本社会党を解体して再組織することである」（285）と結んだ。『読売新聞』48年12月13日号掲載「社会党は解党せよ」では、「社会党が活きるためには、思いきっていちど解党し、新しい基礎のうえに再組織せよ」（297）。

ここに、山川グループは現下の民主主義的変革を徹底的に遂行する社会主義政党を造りだすために、社会党の内部変革ではなく新党、俗称山川新党を設立する道へ踏みこんだ。

新たな社会主義政党を立ち上げる準備として、山川グループは49年7月に「社会主義研究会」（幹事長山川）を設けた。結成推進協議会員に加えて労働組合幹部が参加し、毎月2回程度の研究活動をおこなった。10月に協議会は社会主義労働党準備会（会長荒畑寒村）と改称した。

社会主義労働党結成の追求は、産別会議民主化運動を軸とした労働組合運動再編の進展と並行していた。共産党（系）による労働組合の引き回しを批判し、組合の民主化と生産復興闘争を掲げて、48年2月に発足した産別会議民主化同盟（産別民同）は、国鉄労組から全逓労組、私鉄総連合、官庁労組、日教組、自治体労連などに拡がり労働組合の刷新、再建の運動として進行していた。一方、総同盟においては、徐々に左派が伸長し、48年10月第三回大会で高野実が選挙に勝ち総主事に就任した。そして、産別民同左派と総同盟左派は提携していった。

政党運動の発達に不可分の労働運動との緊密な交互協力関係を熟知している山川は、労働組合運動の民主化に期待するところ大であった。

49年2月に総同盟、産別民同、国労民同などは、民主化運動を進める労働組合の集合体として全国労働組合会議（全労会議）準備会を設立した。全労会議準備会は、社会党、労働者農民党、山川新党のそれぞれに大衆的階級政党の結成を申し入れた。

しかし、総同盟の高野実主事と産別民同の細谷松太事務局次長ら主流は、社会主義新党創立に反対であった。彼らは社会党の在様に反対して脱党した山川とは逆に、社会党に入党し、社会党の分裂や解体には与せず再建強化に参画していった。

組織労働者との緊密にして恒常的なつながりを重要視する山川の期待と目算は外れた。

49年1月総選挙で惨敗した党の再建をめぐって、右派、左派、中間派が抗争を繰り広げる社会党においても、鈴木ら左派は党を更生し強化する立場であった。

山川も1年ほど前には社会主義新党を造るうえで社会党を基礎とするのを得策と判断していた。民主革命の徹底を現在の運動の第一義的課題とするのだし、鈴木派など左派勢力と提携し危機に瀕した社会党の立て直しを迂回路とする方途も選択肢であったろう。新党創設の選択は迷いながらの決断であったと思われる。

49年4月の社会党の第四回大会は、党を挙げて再建に取り組む大会となった。

再建大会を前にして、運動方針起草委員会で右派の森戸辰男案と左派の稲村順三案の間で、党の性格について、「勤労国民大衆の党」（国民政党）対「勤労者の階級の階級政党」（階級政党）、社会主義革命の方式について、変革の全過程における改良の積みあげ対政治権力の階級的移動等々が論争された。

森戸・稲村論争は党大会の直前に調停による妥協がなされた。党の性格は階級的大衆政党と規定され、革命の方式は広範な社会的変革を遂行しそれとともに政治革命を重視するとされた。

大会では、片山委員長再選の一方、書記長に鈴木茂三郎が左派としては初めて当選した。中央執行委員は右派10、左派10、中間派5、全労会議系労働組合5の割り当てになった。左派、労組運動家の進出が目立った大会だった

この時期、世界情勢は大きく変動しはじめ、その影響を蒙り国内情勢も目まぐるしく変転する渦中に入った。

国際的には、47年に米ソ両陣営の冷戦が始まった。アメリカのトルーマン大統領はソ連共産主義の封じこめ政策を採り、マーシャル・プランにより欧州経済協力機構（OEEC）を設置し西側諸国の復興を支援した。対抗して、ソ連はコミンフォルム（共産党・労働者党情報局）を結成し、軍事介入を含めて東側諸国を統合し引き締めた。アジアにおいては中国で49年10月、国民党との内戦に勝利して、共産党政権の中華人民共和国が成立した。

東西冷戦の拡がりは日本の政治的進路と行方を大きく左右した。

ポッダム宣言は日本に民主的政府が成立すれば占領軍を撤収すると規定していた。国内では与野党を問わず早期の講和による国家的独立の声が高まっていたが、国際的な冷戦への突入とともに米ソは対日講和の方式に関しても対立した。アメリカはソ連が参加しない場合でも対日講和を進め、日本を西側陣営の一員とする政治的軍事的協定を締結する方向を定めた。それを承けて吉田内閣は部分的講和、米軍駐留を示唆した。

50年を迎えた年頭の辞でマッカーサー元帥は、年内講和、日本再武装、集団安全保障を表明した。

経済復興―自立経済―を優先させる立場をとっていた経済同友会などの経営者団体は、早期の単独・多数講和やむなしの見解を示した。同時に、日経連は対労働攻勢として４９年６月に経営協議会を廃止した。

日本の進歩的学者、知識人の平和問題談話会は1月に「講和問題についての声明」（『世界』５０年３月号所収）において全面講和をアピールし、平和と全方面外交の理念を説き明かした。

山川の見解はどうだったか。「講和・中立・再武装」（『前進』５０年2月号）では、単独講和の危険を確認する。「単独講和は第一に、対立している国際勢力の一方の陣営に決定的に加担することになるし、第二には、…事実上、自主性を失うことにもなる」（⑰－１８）。しかし、「全面講和論にも危険がある」（同）。「単独講和はやらないということが絶対的なら、それを妨げようとする国の考え一つで、講和はいつまでも引き延ばせる」し、「占領下にある現状がそうとう長いあいだ続くということだ」（同）。それに、「占領下にある国には中立政策も何もない」（同）。どちらの道にも危険があり、「どちらの危険の方がより大きいかが問題だ。どちらの道をえらぶにしても、二つの危険がある。一つは中立の立場を放棄することになる…、もう一つは物質的にも精神的、道義的にも独立性を失うということだ。だからどちらにしてもこの危険を克服するためには、非常な覚悟がいる。しかし期間が非常に長い…場合のほうが、危険がいっそう大きいと思う」（１９）。

読売新聞からの質問、「急速な実現を期するためには単独講和もやむをえずとするか、後れても全面講和の成立を待つべきか」に対して、山川は「二者択一的には答えられないが、強いて答えれば「万やむをえなければ部分的講和」」（⑰－１６）と返事した。左翼陣営では少数異見だが、いかにも山川らしい多様な事相を周到に分析検討したうえでの冷静な回答であった。

社会党は４９年１２月の中央執行委員会において、全面講和、中立、軍事基地反対の平和三原則を決定した。この方針で右派と左派は一致した。党としては全面講和、それがだめなら単独講和もありという柔軟な全面講和論が有力であった。

翌年1月の社会党第五回大会においては、左派の提出した運動方針案や、左派勢力の拡大の動力となっている党青年部に対抗し右派が組織した独立青年同盟問題をめぐって、両派が衝突し激しく抗争した。更に片山委員長不信任案が避けられなくなると、彼は民主主義議会政治を堅持しイギリス労働党の行き方を採り社会民主主義の正道を守ると声明して、大会場から引き揚げ、委員長立候補を辞退した。右派代議員は一斉に退場し別の会場で大会をおこなった。社会党は分裂した。

ところが、社会党右派は左派との統一を提案し、各派閥はそれに同意して、75日にして両派は縒りを戻した。

社会主義労働党準備会は社会党の分裂を歓迎し、社会党左派との合同を決定し交渉に入ったものの、社会党が統一したことから、新党創立を目指すことを再確認した。

統一した社会党は4月、第六回臨時大会を開いた。委員長は空席、書記長に浅沼稲次郎が選ばれ、中央執行委員は右派10、中間派5、左派15の構成になった。

6月に第二回参議院選挙が、講和問題を国政の争点としておこなわれた。獲得議席は、自由党は52で12議席増、与党緑風会は9で20議席減、社会党は36で18議席増、参議院第二党に上った。その結果、野党の主導権は国民民主党に替わって社会党に移った。

同月、マッカーサー元帥は共産党幹部の公職追放を指令し、吉田内閣は共産党中央委員全員、機関紙『アカハタ』幹部を追放した。

おりもおり、6月末に北朝鮮（朝鮮民主主義人民共和国）軍が韓国（大韓民国）を攻撃して朝鮮戦争が勃発した。中国共産党の革命勝利と合わせて朝鮮戦争は東アジア情勢を激しく揺り動かした。

朝鮮戦争が始まると、ソ連と中国共産党政権は北朝鮮を、アメリカやイギリスなどは韓国を、それぞれに支援した。中国は義勇軍として、アメリカは国連軍の圧倒的な主力として、それぞれに参戦した。東西両陣営間の亀裂は一段と深刻化した。

東西冷戦の進行とともに、民主化の推進からブルジョア的安定政権の育成へ転回しつつあったアメリカの占領政策は、朝鮮戦争を機に日本を対ソ連陣営の最前線基地にして再武装する方向を明確にした。

マッカーサーは7月初めにポッダム政令の一つで、日本政府に7万5千人の警察予備隊の創設を指示した。

レッドパージは報道機関や官公庁、教育機関、大企業などへ広がりゆき、総数約1万2千名とされる共産党員や同調者が解雇された。

対日講和に関する日米政府間の交渉は、50年6月のアメリカ国務長官顧問ダレスと吉田首相の会談を前段に、51年1月にダレスは講和特使として再来日、2月にかけ講和の諸原則について吉田と三回の会談を重ねて詰めに入った。ダレスは集団安全保障・米軍駐留の方針をも表明した。

吉田内閣はアメリカ政府の対日講和条約案を受け入れ早期の単独、多数講和の方針を決定し、合わせてアメリカによる安全保障、米軍駐留を確認した。吉田内閣にとって、朝鮮戦争の突発は単独、多数講和実現の好機となった。

朝鮮戦争の勃発とともに米ソ角逐は激化し、全面講和は当面不可能になり、吉田政権による単独講和の締結が迫った。

社会党の51年1月第七回大会は、平和三原則に再軍備反対を加えて平和四原則を決議し、委員長に左派の鈴木茂三郎を選出した。書記長は浅沼の再任であった。結党以来の右派優位は左派優位へ転じた。

前年7月に総同盟、炭労、海員組合、日教組、国労、全逓など17組織、377万人が参加し、国際自由労連への加盟と全面講和の締結を唱え、日本労働組合総評議会（総評）を結成（議長は炭労武藤武雄）していた。その総評は3月に第二回大会を開催し、平和四原則を決定し、事務局長に高野実を選出した。社会党と総評は足並みを揃え共同闘争体制を築いた。

吉田政権による単独講和の締結が迫り来るなか、社会党右派は単独講和もやむをえないと容認しはじめ、左派はいかなる状況でも全面講和を主張すべきだとの態度を固めた。総評は両条約反対の態度をとるように強く働きかけた。

講和をめぐる世論の動向はどうであったろうか。

朝日新聞は「講和と日本再武装」について50年9月下旬に全国的世論調査をおこない、その結果を発表した（11月15日）。それによると、全面講和と単独講和のどちらを選ぶべきかについて、全面講和＝21・4％、単独講和＝45・6％、わからない＝33・0％であった。社会党支持者でも全面講和支持32％に対し、単独講和支持53％だった。一般世論として、単独講和賛成が大勢であった。警察予備隊や海上保安隊とは違う軍隊創設については、賛成53・8％、反対27・6％、わからない32・8％だった。なお、前年11月の「有識者調査」では、全数88名中51名（59％）が全面講和論者で、18名が単独講和論者であったから、一般人と有識者とでは大きな隔たりがあった。

さて、山川グループの期待に反し一旦分裂した社会が統一を回復したことで、社会主義新党樹立は見通しが立たなくなった。社会主義研究会や社会主義労働党準備会に参加していた労働組合幹部、活動家達は遠退いた。

朝鮮戦争が始まると、準備会の機関紙「労働者通信」で準備会の事務局的な実務を担う小堀甚二は、日本の中立、独立、民主主義のために限定的な常備軍を基幹とする民兵制度を提唱し、準備会内部の思想的、政治的対立が顕出した。

５０年１１月社会主義労働党準備会第二回中央委員会は、朝鮮戦争を北朝鮮の侵略と捉え国連軍支持を決めた。小堀の主張は婉曲に斥けられた。

山川は小堀と日本の再軍備に関して対立したが、ソ連を社会主義に非ず、国家資本主義と把握することで共通していた。

山川は『社会主義研究会会報』第1巻第3号「われわれの目標」（５０年１１月）で、資本主義社会から社会主義の方向へ経路を社会進化の長い目で見ると、ソ連型、イギリス型、アメリカ型の「三つの違った型」があるとしたうえで、ソ連に関して「既に社会主義が実現され、今は社会主義社会から共産主義への過渡期にあると主張されている。これは単なる錯覚で、ソ連に実現されているのは社会主義ではなくて国家資本主義である」、「社会主義の方向を指して進んでいる資本主義社会」（⑰－１２１）と論じた。「組合運動の回顧と展望」（『労働評論』５０年１１月号）では「ソ連の国家資本主義（ないし国家社会主義）」（⑰－１１１）と記した。

向坂は１２月１日づけ社会主義労働者党準備会「通信№１７」において、「ソ連国家資本主義」説への異議を含めてソ連論、朝鮮戦争、再軍備問題で小堀、対馬を批判し、主として小堀との間で論争となった。

向坂は全面講和、再軍備不要を唱える一方、ソ連は社会主義国と説いた。小堀はソ連の帝国主義的侵攻を想定して民兵制の導入を唱え、ソ連を国家資本主義として批判した。向坂の説論に関しては次篇「向坂逸郎の理論と実践　その功罪」の社会主義論において検討し、小堀の説論には本篇「11　社会主義への道は一つではない」のなかで関説する。

山川は向坂とのソ連は何かの所見の相違については、私信を交わして調整した。但し、ソ連に関する評価の対立は、後になっても残ったたままであった。

再軍備の是非とソ連「社会主義」への賛否とが交錯し絡み合って、内部論争は熾烈になり、準備会は中心メンバー間の対立で身動きがとれなくなった。『前進』は50年9月をもって終刊した。荒畑は退会した。06年創立の日本社会党における幸徳派の若手であった時代以来の盟友山川と荒畑は別々の道を進むことになった。

グループの分裂を食い止めることはできなかった。51年2月に山川は準備会脱退を表明し、準備会中央委員会は解散を決定した。

山川の考えでは、「ソ連をどう見るかの意見が一致しなければ日本で一緒に運動がやれないというようなわけのものではない」「再軍備問題がいま吾々の前にある最大の政治問題で、これについての意見が正反対では、政治運動は一緒にやれない」、「別々になって、おのおの自分の信ずるところに進むのがよい」(51年5月19日付け、橋浦時雄宛書簡、⑰-438)。

戦後の歴史の新たなうねりのなかで、山川グループは共産党とは勿論、社会党とも異なる社会主義労働党創建を試行した。山川新党は激しく緊迫し流動する情勢下の2年数ヵ月間に二転、三転して空回りに帰し、準備会のままで解散、失敗に終わった。

山川がこの至難な大業に挑戦したのは、何故だろうか。

この時機に山川がソ連=国家資本主義説を公にしたことに止目したい。

日本の(親)マルクス主義的な政治家、労働組合活動家、学者、編集者・ジャーナリスト、評論家、知識人達は、総じてレーニン主義、スターリン主義の虜囚となりソ連「社会主義」を讃え、拠り所にし、将来像にしていた。50年前後に社会主義的左派の政治、労働運動、理論をそれぞれに牽引する鈴木、高野、向坂も、日本共産党と決裂し対決したが、ソ連「社会主義」には強く共鳴していた。

山川は別異であった。彼の批判は、日本の共産党にとどまらず、各国社会主義思想・運動を差配するコミンテルン、特権的支配政党へ変容したソ連共産党、国家資本主義化したソ連「社会主義」にまで及んでいた。ソ連共産党、ソ連「社会主義」についての時代に先駆けた根源的な省察をバネに、山川は本来のマルクス主義的社会主義政党に求められる在り方を追い求めた。

しかし、それゆえに、世界のマルクス主義勢力が信奉し、左翼的・進歩的勢力の多くも支援しているソ連「社会主義」に真っ向から批判を浴びせる山川新党に陽の当たる可能性はなかった。

社会主義労働者党は、殊に小堀の影響が強かったようだが、常に自分（達）の能力を図って出来ない事には踏みださないできた山川らしからぬ冒険であり、果然失敗して儚く立ち消えた。

しかしながら、ソ連が変質の酷さの果てに崩壊しさり、その影響を蒙って社会党も消滅した現在では、山川（グループ）の追求した新たな社会主義思想・組織・運動の創出は、過去形ではなく未来形に属する。

対日講和会議は、連合国との戦争状態の終結、日本国民の主権回復を謳って、51年9月にサンフランシスコにおいて開催され、52ヵ国が参加した。49ヵ国が講和条約に署名し、ソ連など東陣営の3カ国は会議に参加したものの署名はしなかった。

続いて日本とアメリカの間の安全保障条約が調印された。

10月、吉田内閣は締結した講和・安保両条約の承認を得る国会を召集した。

衆議院の開会前日、社会党第八回臨時大会が開かれ、講和条約・安保条約をめぐって紛糾した。左派は両条約に反対し、右派・中間派は講和条約是認・安保条約反対であった。大会前に中央執行委員会は調整に努め、講和条約賛成、安保条約反対を僅差で承認したが、大会では代議員数で優る左派が巻き返して中央執行委員会案の撤回を図った。乱闘騒ぎの大混乱に陥った末、右派は退場した。そして、それぞれ別会場に移り、左派は両条約反対を採択し、右派・中間派は講和条約賛成・安保条約反対を確認した。左派社会党と右派社会党への大分裂となった。

衆議院は講和条約を307対47、安保条約を289対71で承認した。参議院は11月に講和条約を174対45、安保条約を147対76で承認した。

社会主義労働者党創成蹉跌後の山川は、既に70歳を越えており、政党や労働組合の実践運動の第一線から退き、啓発的な理論的活動をもっぱらとするようになった。

社会主義労働者党準備会の解散後、山川らは、51年6月に社会主義協会を設立した。主要同人は、山川、大内、有沢広巳、向坂、高橋、高野実、清水慎三、太田薫等、旧労農グループを中心に、学者、知識人、労働組合指導者の活動的人士であった。同人代表は山川均と大内兵衛が務め、機関誌『社会主義』を創刊した。

老境に達した山川は、52年1月に左派社会党に入党、党が将来良い社会主義政党に成長発展することを期待して、社会主義協会に後事を託するほかなかった。

ところが、山川と並んで社会主義協会の代表に就いた大内兵衛も、程なく山川に替わって社会主義協会を率いる向坂も、マルクス＝レーニン主義を奉じソ連を称揚する社会主義者であった。山川と大内、向坂とは、実際活動を共にしたものの思想的、理論的離反は小さくなかった。向坂、大内の社会主義協会は、山川イズムの衣鉢を継ぐよりも独自の思想・運動の道を進んでゆくのである。

10　晩年の理論活動

（1）『日本の再軍備』、岩波新書、1952年。

自由党吉田内閣の再軍備の強行、それに対応する諸勢力の分裂の現状にあって、「新しい日本はふたたび軍隊をもつべきかという問題」（ⅰ頁）を平和か戦争か、経済の再建か軍事化か、民主政治を守るか国民奴隷化の戦前に戻るか、日本の独立か属領化かなど、多角的な観点から考察する。

主論文をなす「平和憲法の擁護」（1951・3・2執筆）を検討する。

論稿の主旨は冒頭部に表明されている。再軍備論者は「軍隊のない独立国家はありえぬ」（2頁）と言う。しかし、「こういう国家の概念は、こんにちは時代おくれになった」（3頁）。「国際連合のような国際平和機構」が生まれ今後ますます発達するだろう。「わが国が自主独立の国家であるためには軍隊をもたなければならないという、もっともらしく厳めしい理論は、国際情勢の現実からはすでに古めかしい考えであって、人間の素ボクな自営本能に訴える魔術的な力をもつということいがい、たあいもないおナンセンスだといってよい」（5頁）。

この限りでは、平和問題談話会の声明などと同じように、平和の理念を強調する説論である。しかし、平和問題談話会を含む進歩勢力や左翼陣営とは差異し、山川は単刀直入に、「共産主義の侵略方式」（15頁）を取りあげ「ソ連・中共は日本を侵略するか」（20頁）と設問する。ソ連の軍事的侵略を差し迫った危険とする見解には同意しないが、その侵略性を否定しない。「ある一国の共産党が、独自の力では政権をにぎるだけに成熟していないところでも、ある一定の条件さえあれば、ソ連の実力がそれを補って共産党の政権をうちたてることができる。衛星諸国の政権がその実例である」（19頁）。「共産主義的侵略主義がただの侵略主義とちがっているところは、…直接または間接に侵略的な方法によってその影響下におさめた人民のうえに、一定の政治形態や支配の方式と、ロシア的共産主義の体制を強制するところにある」（16頁）。

日本の左翼勢力においては、ソ連は社会主義国であり帝国主義的戦争勢力と対抗する平和勢力であるとするのが支配的通念であった。ソ連の侵攻はまったく想定外であった。ソ連に安全保障上の脅威を抱くことはなく、日本の安全保障をソ連に依存する勢力さえ所在した。

左翼の通俗論を真っ向から否定する山川の批判的考察は、日本の左翼陣営では例外的だが、鋭敏で当を得ている。

岩波文化人の進歩的な学者・知識人の集う平和問題談話会の「三たび平和について」（『世界』50年12月号）は、談話会の討議を纏めて執筆された。その「第二章　いわゆる「二つ世界」の対立とその調整の問題」の丸山真男の担当部に表明されているソ連についての評価に注目しよう。

「われわれの基本的信念たる両者〔二つの世界〕の平和的共存の可能性を探り、われわれの原理的態度としての中立について明らかにする」見地から、東西対立下のソ連を民主主義国家とする見方が披歴されている。「現在でこそ、ソ連を全体主義国の典型として、英米と全く対蹠的なイデオロギー系列に属せしめる考え方が圧倒的なようであるが、三〇年代、とくにソ連新憲法制定の前後から、今次大戦までの期間には、英米仏等の諸国でもファシズム対民主主義の対抗という面で国際関係の発展方向が捉えられていたので、ソ連は自由民主主義とは異なりながらも、やはり、一種の民主主義国家であるとして、むしろこれをナチ・ドイツやファッショ・イタリーとの間の区別を強調する見方が、学会でも言論機関でも、かなり有力であった。今次大戦直前のナチスのソ連侵入によって、大戦は名実ともに民主主義国家の反ファシズム共同戦線として戦われ、国連はまさにこのような共同戦線の地盤の上に誕生したのである」（傍点は原文）。

平和問題談話会は再軍備進行を平和の理念を掲げて批判する進歩的学者・知識人の世論啓発、警世の思想運動であり、政治運動ではなかった。けれども、進歩的な学者・知識人達は、左翼政治勢力と同様、ソ連を平和と民主主義の国家、社会主義体制として讃える通念を持していたし、談話会の平和、民主主義の思考も親ソ的であった。上記の談話会声明では、端的な事例として、1939年にヒトラーとスターリンが独ソ不可侵条約を締結し、秘密議定書でポーランドの分割、バルト三国のソ連による併合を承認した問題など完全に没却されていた。代表的な進歩的学者・知識人の良識は、かようなものであった。

やがてスターリン時代のおぞましい実態が赤裸々になりソ連の落日が進むにつれ、左翼陣営や進歩陣営の親ソ観念は、崩れ去っていった。『世界』1985年7月臨時増刊号「平和問題について」で、久野収は平和問題談話会の声明に関して発言している。「当時は平和の問題といえば、コミュニズムの側につくこと」「ソビエト側を支援して闘うという運動が平和の闘いなのだという考え方が充満していた」。

ソ連「社会主義」の瓦解とともに、戦後左翼勢力や進歩的学者・知識人達の唱道してきた民主主義、平和主義は一挙に色褪せ、通用しなくなった。科学的を自任した識見のイデオロギー性は顕になった。

当今の丸山自身は「ボリシェヴィキだけが社会主義じゃないし、第一、ある時期以降のソ連型社会主義はむしろ国家資本主義の変種というべき」（『丸山真男座談　九』、岩波書店、1998年、284頁）との把握を示すにいたっている。

次の論題、どのような方法で日本の安全は保障されるかに進む。

山川の所論では、「最善の方法は国際連合によって集団的に安全を保障されることである」（27頁）。国連に加入すれば、集団安全保障のための軍隊をもつ義務を負うので、戦争の放棄や非武装主義と抵触することになる。されど、「日本が世界最初の非武装国家を宣言したことは、ひとり日本国民の誇りだけではない。この新しい型の国家を生み出したことは、平和を愛好する全世界の国々にとっては、戦争の犠牲によって収穫した尊い歴史的な成業なのである。…われわれ日本の国民は、異常の決意をもってこの憲法を守りぬく責任がある。と同時に、世界の民主主義諸国もまた、異常の決意をもってこの歴史的成業を擁護しなければならない。このような要求に答えて、国際連合は日本を非武装地域とし、この非武装地域の侵犯に対しては、国連の集団的な保障を約束すべきである」（29頁）。

あるべき理想的な姿の宣明である。

日本の再軍備反対、国際連合による日本の安全保障の唱道は、外政上の「中立主義」（32頁）政策と一体的に連動している。「いまわが国のおかれている国際的地位と、その実力からいえば、わが国が消極的にもせよ世界の平和に貢献し、同時にわが国の安全を確保する道は、できる限り国際的な紛争に介入しないばかりでなく、日本みずからが国際的な国際的紛争の原因となるような立場に自分をおかないという意味で、中立的な政策をとること以外にはありえない」（34〜5頁）。米ソ二大強国のいずれかの陣営に所属を定めるのではなくて、世界の平和、それと一致する自国の安全と利益の見地から、個々の国際問題についての方針を自主的に決定するのである。

山川は「『日本労働階級と中立堅持の立場―平和勢力論と第三勢力論―』（『社会主義』54年10月号）で

は、第三勢力の立場の中立論を明示する。第三勢力とは、「（一）アメリカ一辺倒でもソ連一辺倒でもない自主独立の立場に立ち、（二）…世界の平和を維持促進しようとする勢力」（⑱－216）である。第三勢力としての中立こそ採るべき道である。「わが国は現在の国際的地位からいって、少なくとも（一）米ソ対立のいずれの陣営にも従属しないこと、…（三）米ソ両陣営のどちらの一方にでも対立するための条約、同盟、地域的集団機構などに断じて加わらないことによって、世界の平和に貢献することができる」（217）。

山川はインドのネール首相の第三勢力の対外政策にも言及し、中立の立場をとる国が増えるのは望ましいけれども期待はさほどかけられないと見て、西側陣営諸国内の第三勢力的中立の動きの増大を重視する。

しかしながら、現実には非武装中立政策の追求の前には幾つもの大きな壁が立ち塞がっていた。第三勢力としての中立、この政策は正当であっても、実際に一つ一つの難問をどのように打開していくか、国際的にも国内的にも至難に満ちていた。

論稿冒頭部において軍隊をもたない独立国家は「時代おくれになった」と国際平和の時代の到来を楽観しているのと同じように、国内ならびに世界の厳しい現実を等閑にして、中立政策論も理想論を免れていない。非武装中立は、戦争の放棄を宣明する、世界に例のない日本国憲法の精神に沿う高邁な理想である。だが、スイス、スウエーデン、フィンランドなど中立政策を採る諸国は自衛のための軍隊を備えている。「汝平和を欲さば、戦争に備えよ」。この警句は、古今東西を問わず紛う方なき事実の表明であろう。

史上唯一の戦争被爆国日本が非武装中立を世界の国々に認められて現実に貫くには、政府、自治体をはじめとして国民挙げて道理を尽くす忍耐強い努力の積み重ねが必要不可欠である。その活動をブルジョア支配勢力に対抗して積極的に開発し推進するには、ところが、左翼勢力は余りにも非力であり、まとまりにも欠けていた。社会党は中立を謳いながら、それを実現する施策に力を注がなかった。現実には中立政策の堅持よりも、平和勢力と見做すソ連陣営に与する反戦平和闘争の方向へ進んだ。共産党は占領下での平和革命路線をコミンフォルムに批判され、50~55年はソ連や中国の指示に従い一転して極左冒険主義の武装闘争に突入、内部分裂して、その収拾に追われ、連合国との講和、日本の再軍備の重大問題に真面に取り組むことさえできなかった。

山川の国連による安全保障論、非武装中立政策論を通貫しているのは理念主義であり、現実論は説得性に乏しい。

ところで、山川は異なる観点からの論議も示している。再軍備と非武装とを世界と日本の現状況において比較検討し問題を決する現実的で相対主義的なアプローチである。「三、四の問題」(『労働者通信』第24、25合併号、1951年3月)から引くと、「日本は再軍備すべきかすべからざるということは、これを現実的な政治的意義をもつ問題としてみれば、日本を非武装のままでおくことから来る危険と、武装することによって生じる(対外的国内的)危険との、どちらが大きいかという問題である。そして私は、武装することから来る危険がはるかに大きいと思う」(⑰-140)。

再軍備問題について山川は、理想主義的な啓蒙論と現実的な運動論の二通りの反対論を提示した。

(2)「左社綱領」に関して

左派社会党は、53年1月の党大会で綱領の制定に着手し、綱領委員会における稲村順三と清水慎三の間の論争などの議論を重ねて、稲村執筆で作定された草案を、54年1月の党大会で採択した。

この「左社綱領」をめぐって様々な論評が公にされ、殊に多くの有力新聞が解説や社説において所見を表明した。それに対し、山川は「「左社・新綱領」の問題点」(『社会主義』54年1月号)において、有力新聞が指摘する問題、なかでも「政権をとるのは民主主義的な方法によるが、政権を握った後は民主制度を破壊し一党独裁をやるのではないかという批判、ないし疑念」（⑱－129）への反駁をおこなった。

山川の駁論の展開を要約すると、第一点は、社会主義政党が国会の第一党となり内閣を担当しても、それは社会主義政権の実現ではない。単独であろうと連立であろうと、社会主義政権への「中間段階的な政府」である。社会主義政党政府が安定した持続性のある政権とならなければ、社会主義政権への道は開かれない。そのためには、より広範な、浮動的でない固定した国民大衆の支持を獲得する以外にないし、社会主義政党内閣の基礎である民主主義を前進させることがとりわけ重要である。社会主義政党が「政権を握った後は民主制度を破壊」するとすれば、それは自己破滅である。社会主義政権は民主主義社会と一体的な関係にある。

第二点として、では、社会主義政権として確立するには、社会主義政党の「中間段階的な政府」は、どのような政策に重点をおくべきか。重要産業の国有化のような社会主義政策ではなくて、様々な国民大衆の生活に直接に結びついた政策の断行である。「中間段階的な政府」は一回また一回と持続的に国民大衆との結びつきを拡大強化し大衆的経験を積み重ねることで、やがて社会主義政権の確立される礎石となる。

第三点は、新聞の論評は、政権を掌握した社会主義政党は憲法の改正、基本的な産業の国有化、行政司法諸機関や教育、新聞、出版、放送等の機構の社会主義の方向への適応を主張していると解釈する。けれども、憲法改正に関しては、資本主義政権と社会主義政権では改正の方向が正反対である。資本主義政権は現行憲法が民主主義的でありすぎるから、社会主義政権は民主主義がまだ足りないから、改正しようとする。支配機構については、現在の政府機構は非能率的で濫費的だし、官僚が政党に匹敵するほどの政治勢力をかたちづくっている。社会主義政権にとって必要な変革は、政府機構を徹底的に民主化することである。また、教育の機関や新聞、放送などのマス・メディアなどは、各々それ自身の存在意義をもつのに、資本主義支配下ではその多くが支配機構に取り入れられたり利用されたりしている。社会主義政権は、こういう状態を打破して、それらの機関が本来の機能を果たし、国民大衆の意欲を正しく表現するようにする。

如上の駁論は良識的であり、妥当である。但し、「政権を握った後は民主制度を破壊し一党独裁をやるのではないかいう批判」に答えきっていない。山川は「左社綱領」について世上の批判的見解に対する説得を図っているのであって、「左社綱領」の限界や欠点を問題にしているのではない。因みに、「左社綱領」を採択した左派社会党大会で山川は党への貢献を表彰されている。

そこで、「左社綱領」の難点を、「綱領」の成案にあたり綱領委員会顧問向坂逸郎が全面的に手を入れたことを踏まえて、山川と向坂との思想的、理論的な異同に注視しつつ、三点に絞って適示する。

①「左社綱領」は革命後の「社会経済の計画化は、主要なる産業の国有化または公有化を中心として初めて可能となる」（月刊社会党編集部『日本社会党の三十年』、日本社会党中央本部機関紙局、1976年、703頁）と謳っている。ソ連「社会主義」をモデル化した国家所有・国家経営・国家計画の20世紀マルクス主義の通俗説の襲用である。30～40年後には破綻が露呈する。この主要産業の国家所有化の経済建設路線は、マルクス主義者が総じて共有する過誤である。山川も向坂も然りである。

②「過渡的段階の政府」（709頁）に関して、「過渡的段階」（同）はかなりの期間に及ぶ流動的過程と見通して、政府の交替をも念頭においている。政権交替のないソ連型の一党支配体制とは異なる制度的仕組みとして評価できる。向坂を通して山川の持論が取り入れられている論点に当たろう。

だが、「過渡的段階の時期が長びき社会主義政権の樹立より数歩手前にある中間段階的な政府の組織がいく度も繰返されるような情勢」（同）で、ブルジョア勢力を代表する政府の再現する局面もあるだろう。それを許容するかどうか。この肝要な争点について、「左社綱領」は社会党政権が危局に瀕した時には、政権を確保するべくプロレタリアート独裁の強権を発動して危機の打開を策する道を暗黙裡に首肯し内意している。

「社会主義協会テーゼ」は明記する。平和的民主的革命によって資本主義体制の根本的変革の任務を果たしうるには、「革命的社会主義政権は、プロレタリア独裁である。この独裁は、ブルジョア民主主義という形態でおこなわれる少数者のブルジョア独裁よりも、はるかに広範に拡充された民主主義である。人口の圧倒的多数の民主主義であるからである」（77頁）。レーニンのプロレタリアート独裁＝民主主義論そのままの踏襲である。

③「左社綱領」は日本の現状に関して、アメリカは軍事、経済などの援助や全土での軍事基地造営によって日本を従属国とし、対ソ戦略の前線基地として日本の再軍備を推進するにいたったと分析し、「いまや社会主義革命という本来の歴史的使命と共に民族独立の回復と平和の維持という、解決を迫る重大な任務」（『日本社会党の三十年』、706頁）を掲げる。

「民族独立の回復と平和の維持」をどのようにして実現されるのか。この問題をめぐっても重大な問題が潜在している。

共産党はコミンフォルムの批判と指示を承けて、占領下平和革命論から一転し、51年10月の第五回全国協議会で、日本をアメリカ帝国主義に隷属する植民地として、アメリカの支配から日本を解放する民族解放民主革命戦略をうちだした。国際情勢の認識としては、ソ連を中心とする社会主義諸国は平和勢力であり、対立するアメリカ帝国主義は戦争勢力であった。それと同様に、53年7月の総評第四回大会において事務局長高野実はアメリカを戦争勢力、ソ連・中国を平和勢力と見做し、独立と平和のために闘うことを唱えた。平和勢力論は左派社会党指導部の第三勢力論と対立する面があったものの、社会党、総評内部でも次第に広まり有力になっていった。

前出の山川「日本労働階級と中立堅持の立場―平和勢力論と第三勢力論―」は、平和勢力論を指弾した。「ソ連は社会主義国だから戦争の原因となったり戦争のきっかけを作り出すことはありえないというのは、事実に反している」(⑱‐221)。「平和勢力に加担して平和勢力(ソ連の陣営)を圧倒的に強大にすることによってのみ、戦争勢力(アメリカ)をおさえて戦争を防止することができる、と主張する」(218)のは、「ソ連一辺倒の立場、ソ連への従属的立場からの平和運動…ソ連の反米政策を強化するための平和運動」(219)を意味する。アメリカの戦争指導者達と平和勢力論を唱える勢力の双方はともに、「つまるところは、武力によって一方が他方を征服することだけが、二つの世界の対立を解消する道だという考え方に帰着する」(同)。

平和勢力論の間違いを説いた山川と逆に、「左社綱領」は平和勢力論への親和性を潜在させていた。やがて社会党でも平和勢力論は支配的になる。

64年2月、12月の社会党第二三回、第二四回大会で承認された「日本における社会主義への道」は明記する。「ソ連、中国、東欧等社会主義諸国は、こんにち世界の平和と社会的進歩の運動の大きな砦となっているだけでなく、社会主義の政治経済体制を建設している」、「われわれ平和と社会主義の勢力として平和五原則の精神にのっとり充分な連なりを保ってゆく」(『日本社会党の三十年』、772頁)。ソ連などの「社会主義」諸国は平和勢力である、ソ連の平和侵攻はありえないと想定し、友好勢力として連携する対外政策である。この政策・方針は欺瞞的であり、日本の社会主義思想・運動を害して終には破綻させる重要な一因となった。

11　社会主義への道は一つではない

山川『社会主義への道は一つではない』の論考を五つの題目について考察する。

（1）社会主義的変革・社会主義への道の多様性

1956年2月のソ連共産党第二〇回大会―スターリン死後最初の党大会―でのフルシチョフ報告によるソ連の新路線の表明、ミコヤン演説のスターリン批判は、左翼勢力がスターリン主義に染めあげられてきた日本においては特に、センセーションを巻き起こした。

フルシチョフ報告の「社会主義へ移行する形態は次第に千差万別となり、必ずしも国内戦を必要としなくなるだろう」の行の前半部、社会主義への道は千差万別の形態をとることの言明を、山川はスターリンによる暴力革命と平和革命の二つの道の承認と対比しつつ、大きな前進として評価する。それぞれの国がそれぞれの時期に社会主義に移行する変革の方式の多種多様性を説き続けてきた山川からすると、ソ連共産党のトップ・リーダーがやっと当たり前のことを表明するにいたったにすぎない。

「ボリシェヴィズム〔は〕人間社会の新発展を支配する法則なのではなくて、人間社会の進化発展のある一つの型が生んだ、社会的変革の一つの理論なのだ…、社会の発展に法則性があるかぎり、ある社会に起きたことは、それと同じことが必ずほかの社会にもおきると…同時に、ただ一国にも、ソ連におきたことと精密に同じことは決して起きない」（5頁）。

『文芸春秋』50年3月号掲載の「共産党との訣別」では、「ボリシェヴィズムはロシア革命を指導した勝利の理論だ。僕はそういうものとして、ボリシェヴィズムに敬意を表している。…あの特殊な性格を持った党というものが、ボリシェヴィズムそのものの主要な構成要素であって、この特殊な党の観念をぬきにしてはボリシェヴィズムは無いという関係のものだ。ロシア革命が厳密にロシア的な革命方式の理論ないし戦術だとすれば、この特殊な性質をもった党も、社会主義政党の普遍的な形態ではありえないという結論になる」（⑰－39）。

社会主義的変革の多様性、社会主義への道の多様性の確識は、山川理論に貫かれている真髄であり、第一次共産党結成以来の長年の実践運動において追及し続けながら果たせなかった経験に裏打ちされた重みがある。「社会主義革命の方式は一つではなくて多くであり、他国の経験は学ぶべきものではあるが真似るべきものではない、社会主義への我々の道は、我々じしんの苦心によって見出さなければならない」（100頁）。

（2）ソ連体制をどう捉えるか

本書でのソ連に対する批判は、フルシチョフ報告のスターリン個人独裁批判やその周辺での論議を突き抜けて、ソ連体制そのものの変質を問題にする方向をとる。

スターリンの独裁的支配は、当然にも政治的、社会的、経済的基礎のうえに成り立っている。「個人独裁が成立しそして維持されるためには、官僚主義的な国家機構が（もっと掘り下げれば、そのような国家機構を成り立たせるような社会的基礎が）必要である。そしてソ連には、資本主義社会における階級はすでに存在しなくなったと主張されていたにもかかわらず、他方では、官僚的なボウ大な支配階級が形成されていたことも事実であった」（４６頁）。「剰余生産のなかの大きな部分が、官僚やその他の新特権階級や、お茶坊主的な学者や芸術家に、資本主義国に見られる以上に大衆の生活から引きはなれた水準の生活を保障するために配分されている」（５２頁）。スターリンの個人独裁は新たな支配階級となった共産党＝国家官僚の独裁の頂点に他ならなかった。経済面でも党＝国家官僚、それを取りまく文化人などは、大衆とは別格の特権的生活を保障されていた。

「社会主義体制としてのソ連は、きゅうきょく的にはソ連のおかれている諸条件のために、致命的に歪められ、いびつにされた、いわば奇形的なものであって、それは個人独裁や秘密警察政治のような反社会主義的な事態ばかりでなく、ほうがいな賃金格差だけを見てもよくわかる。ソ連は完成された社会主義社会ではなくて、先資本主義的な性質を多分にもった社会が、もっとも困難な条件のもとに、社会主義社会に成長しつつある姿である」（７９～８０頁）。かかる批判的考察は、当時まったくの異端的な説であり、山川理論の歴史的な先駆性を端的に物語る。

「スターリンという偶像の破壊は、ソ連体制という偶像の破壊をも意味するものでなければならない」（８２頁）。山川は、スターリンのソ連を称揚してきた日本の左翼に、スターリン批判の衝撃を発条にしてソ連「社会主義」体制の批判的再考に立ち向かうことを促している。

また、ソ連の社会主義を目指す建設の根本に係る原則について了知している。書き記されたなかから、２

件を記す。①ボリシェヴィキ政権が1918年に初めて社会主義共和国を名乗った際、それは社会主義を実現しているという意味ではなく、社会主義の実現を目標として苦難な道をたゆまず前進してゆく意思の表明であった。②それぞれの国は、一国で社会主義政権を樹立し社会主義革命をおこなって変革の過程を進めることは可能だが、資本主義的な国際関係と国際環境のなかにあって、社会主義社会を実現することはできない。一国社会主義建設は不可能である。

多角的な考察視点の一つとして、ソ連体制をロシアの歴史的な伝統と関連で位置づける見方をも示している。「プロレタリアートが政治的に支配する状態に必要な、十分な社会的基礎のないところでのプロレタリア独裁は、…マルクシズム以前の…「革命的独裁」の思想に近いものになる危険が多い」（108頁）。「官僚主義の問題ばかりでなく、スターリン時代のあの陰惨な恐怖政治は、…帝制時代ロシアの暗黒な宮廷政治を想い出させるものがある。そしてボリシェヴィキ（後の共産党）の革命運動の実践のなかには、マルクシズム以前のロシアの革命思想と革命運動（例えばネチャイエフの）との強い伝統的なつながりを想わせるものがある」（108〜9頁）。10月革命により成立したソ連体制も、過去的伝統の断絶と継続の両面を備えていた。

ところで、1950年前後の社会主義労働者党創成試行時の同志達の間での論議については、山川は次のように顧みている。

ソ連を礼賛する人々は、ソ連政府の公式発表どおりに、「ソ連では社会主義はすでに完成され、いまや社会主義社会から共産主義社会に移りつつあると主張していた」が、それを批判して、「ソ連の現在は社会主義とは呼ばれないという点で、我々の意見はほぼ一致していた」（87〜8頁）。「同志のあるもの〔小堀や荒畑〕は…スターリン時代になって、ソ連は社会主義とはまったく違った方向に進んできた、それは…社会主義の道に引きもどすことのできないほどの、本質的な変質をとげた」（88頁）という見解であった。「私自身は、すくなくともある点まではこの見解に一致した」。「では資本主義でもない社会主義でもない現在のソ連は一体何なのか。我々は資本主義から社会主義への推移の間に、こういう異常な、いわば病的奇形的な社会体制が、例外的にせよ現れるということを、かつて予想していなかったから、こういう体制をいいあらわす適当な呼び名さえも持っていなかった。それで私は、当時、この官僚専制のもとに経済が計画化されている状態を国家資本主義と呼んだこともある」（88〜9頁）。しかし、ソ連と異なる体制が国家資本主義と呼ばれている場合もあるし、混乱や誤解を生じやすいので、この用語を使わぬことにした。

ここで、小堀甚二『再軍備論』（国民教育社、1951年）の「二つの資本主義」と題する主論文に関説する。一つは、ソ連の現状に対する具体的な批判で、以下はその一部である。「スターリンの独裁権確立以来、ソ連人民の個人的自由は全く抹殺されている。1932年12月27日の法令は、国内旅行の自由を禁止した。こんにちのソ連は、旅券がなければ自分の国内さえ自由に旅行することが出来ない。それから職場移動の自由も禁止されている。1939年いらい労働者に労働手帳が発給されることになったが、…企業支配人の承諾を得ないで勝手に職場をはなれようとすれば、労働手帳は返してもらえ〔ず〕…他の企業では雇ってくれない」（12頁）。

いま一つは、ソ連の社会・国家体制の分析である。「ソ連に特権階級がうまれている…。いかにして彼らはこの特権をつくり出すことができたのか。彼らは国の支配者たることによって、国有化された生産手段の用益権を占有しているからだ。…排他的占有という意味では私的所有と変りがない」（28頁）。「国家社会主義なんてものは、言葉の上では存在するが、現実にはない。現実には、国家社会主義は国家資本主義」（35頁）。

ソ連を国家資本主義と規定するにあたり、引き合いに出しているのは、ドイツ社会民主党の「エルフルト綱領」の下記「第7項」である。「いわゆる国家社会主義とは国庫的目的のために国有化を行う学説であって、それは私的企業の代りに国家をおき、それによって労働者を経済的に搾取し、政治的抑圧権力を一手に結合する」(28頁)。

1950年代までマルクス主義を支配していた通俗論に馴染んでいた左翼からすると突飛なソ連論であるが、半世紀程を隔てた後世からすると最も先駆的な議論として傾聴に値する。論争相手の向坂のソ連を社会主義社会として賛美する論よりも格段に史実に迫っていることは疑いない。

(3)生産手段の国家所有化

山川は「同志のあるもの」とは異なって、「ソ連の変質を認めるが、しかし社会主義建設の基礎となるものは失われていない、1917年の革命の歴史的意義は生きている、ソ連はきわめて異常な道ではあるが、このロシア的な道をつうじてでも、究極は社会主義に発展する可能性があると考えた」(88頁)。ソ連体制の堕落、変質の指弾の一方、スターリン死後の変貌を社会主義への前進と評価し、ソ連は曲折を経ていずれは社会主義の正道へ転進するだろうと希望的に観測した。

しかしながら、半世紀ほど後にソ連体制はあっけなく崩壊した。歴史的展望を誤った根本は何だろうか。別稿「ソ連共産党第二〇回大会から五ヵ月」のなかで、「社会主義的な経済と個人独裁との結合であるソ連体制」(⑲-113)とソ連体制を社会主義的経済と見做しているように、山川は年来、社会主義への道の経済的な方途として、俗流マルクス主義と同じく、生産手段の国家所有および国家経営を説示してきた。「失われていない」「社会主義建設の基礎となるもの」は、なによりも生産手段の国家所有、国家経営を指している。彼は生産手段の国家所有を社会主義への道程の経済的基礎として疑わなかった。

前述したように、片山内閣の炭鉱の国家所有化政策に関連して、山川は国家所有化は社会主義化に向かうとは限らない、社会主義への道につながるには所有は徹底して社会化されなければならないと論じていた。だが、国家所有を社会的所有にいかにして転じるか。

マルクス主義的社会主義は生産手段の私的所有の社会的所有への転化を原則として掲げてきたが、革命後に主要生産手段を「まずもって国家所有化する」と提唱した後期エンゲルスも、それを承けて10月革命後国家所有化路線を体制化したレーニン、ボリシェヴィキも、国家所有化の社会的所有への転化の過程的構造については、不問であり不明のままであった。

山川も、プロレタリア革命後の社会主義への過渡における経済的方策の基軸を生産手段の国家所有化とする俗流マルクス主義の潮流に属し、通俗論を共有した。社会主義への過渡期初期段階の経済構造編制の基軸を主要産業の国家所有・国家経営とするのは、山川イズムの過誤である。

ところで、生産手段の国家所有化によって政治権力を有する国家は経済権力をも掌中に収める。政治的支配権力と経済的支配権力の国家への集中は、社会主義ならざる国家主義の構造的方位である。しかも、それが一国一前衛党やプロレタリアート独裁と接合すれば、全権力を一手に掌握する党＝国家官僚層の支配体制は盤石となる。

後進的な資本主義体制の革命的変革として達成される生産手段の国家所有化とプロレタリアート独裁は、国家資本主義と党＝国家エリート専制に転結する可能性を孕んでいる。その可能性の現実性への転化を、ロシアの1917年10月革命後の歴史的行程は示したのである。

なお、最近年の研究においては、後期マルクスの達した社会主義への過渡期経済建設の基本路線は協同組合の連合体を主軸とする協同組合的所有・経営・計画であったことが解明されている。

ソ連主導20世紀マルクス主義のプロレタリア革命と社会主義への過渡期建設において、生産手段の国家所有化とプロレタリアート独裁がキー・ワードであった。この二つのキー・ワードをめぐって、山川は生産手段の国家所有化を堅守する一方、プロレタリアート独裁は改訂して通俗的マルクス主義の誤りを突破する独自の論を唱道した。

(4)プロレタリアートの独裁

世界に衝撃を与えたソ連共産党第二〇回大会から7か月後、1956年9月の中国共産党第八回全国代表大会は、ソ連の新動向に合わせて個人崇拝を排する、集団指導体制をとる、経済建設に重点をシフトするなどの基本路線をうちだした。プロレタリアート独裁をめぐっても新たな方針を提示した。

毛沢東の後継者と目されていた劉少奇は大会の政治報告を担当し、中国における「人民民主専制政」の性格について、最も広範な統一戦線と愛国主義の団結や、階級闘争を進める主な方法は説得、教育の方法などと特徴づけた。また、中国共産党中央委員会政治局の『プロレタリア独裁の歴史的経験について』は、「正しい指導(党の)…は、大衆のなかから出て、大衆のなかにはいってゆくのでなければならない」「大衆路線」(101頁)を明示し、プロレタリア独裁は「自己の独裁という条件を活用して共産主義を実現し、…自己の独裁を次第に消滅させてゆく」(97頁)と展望した。

山川は劉少奇と中国共産党の指針にスターリン独裁、党=国家官僚独裁に収斂し変質したプロレタリアート独裁を是正する面を見いだそうとしている。その主眼は、社会主義への変革過程の多様性の確認にある。「ソ連の歩んだ道は、いいにせよ悪いにせよ、社会主義への一つの道だった…が、それは一つの道でしかないものである。そして一つの道でしかないものが、もし唯一の道であることを要求するならば、…それは貴重な経験をふくむ実験ではなくなって、社会主義への道を妨げる障害物となり、国際社会主義運動にとってマイナスの要素ともなる」（９０頁）。

山川は論歩を進め、プロレタリア独裁をめぐる重大な問題を投げかける。イギリスの理論家を引き合いに、パリ・コミューンはプロレタリア独裁だったのかを問うのである。「エンゲルスはパリ・コミューンをさして、これがプロレタリア独裁だといったことがあるが、初期におけるイギリス共産系の理論家は、パリ・コミューンは厳密な意味ではプロレタリア独裁ではなかった、なぜならば、それは普通選挙によって選出されたものだからと説明している」（９３頁）。

ソ連のプロレタリアート独裁体制は、果たしてパリ・コミューンの後継か？「社会主義への変革過程の多様性」（９４頁）の見地に立って山川が発するこの問いは、根本的で鋭い。

実は8年ほど前に山川は論文「平和革命とプロレタリア独裁」でこの問題に関して考究し、プロレタリアート独裁のない社会主義への革命的変革の政治形態の存立を開示していた。その論点については山川イズムの歴史的意義を要約する本稿の最終節において扱うが、『社会主義への道は一つではない』でのプロレタリア独裁に関する論点は、ソ連共産党や中国共産党の新たな動向を批評し、社会主義的変革の多様性に照応するプロレタリア独裁の形態の多様性を強調するにとどまっている。プロレタリアート独裁を要しない社会主義への道については語らない。

当時の左翼戦線の状況では、個人独裁に対する批判は流行りだしたが、プロレタリアート独裁そのものは正当とされ、その否定は受け入れられなかった。別言すると、スターリン批判に踏みだしたもののレーニンに対する批判は禁物であり、依然としてレーニン主義の圧倒的な支配は続いていた。その動向に目配りしたのであろうか、山川は論議を控えめにしている。

この時期、山川は社会主義新党の創成は完全に断念し、社会党左派に期待を寄せるほかなくなっていた。社会主義協会では、向坂が山川の最も身近な同志的存在になっていて、程なく山川に替わり（左派）社会党の発展を思想的に牽引することになるのだが、向坂は終始ソ連を社会主義として称賛しプロレタリア独裁論を護持していた。

（5）資本主義の生命力

山川にとって、フルシチョフ、ミコヤン演説が資本主義における恐慌や崩壊の必然性についてのソ連共産党の解釈を訂正したのは当然のことであった。「マルクスの時代、いやレーニンの時代からでさえ、資本主義は驚くべき変化を遂げ、曾て予想されなかったような発展の段階に入ったのであって、これに対応するためには資本主義の新しい分析が必要なのであ〔る〕」（9頁）。「資本主義はこの〔単一の世界市場の分裂、社会主義体制の世界の成長拡大、資本主義世界の内的矛盾の増大などの〕新しい条件に適応して、多かれ少なかれ自分を変えることによってのみ生き延びうる」（15頁）。

この資本主義の発展的変容・変貌についての予測的見解は当を得ていた。山川没後の1960年代にかけて、低迷するソ連経済を尻目に、資本主義経済は最高度の発達局面に達した。資本主義に関するコミンテルン由来の万年危機論、「全般的危機」論と、彼は無縁であった。

山川は疾うから、資本主義体制の自己修正力を備えもつ強靭でしたたかな生命を推量していた。『社会主義研究』1921年12月号「1921年の世界」では、「曾て修正論者は、資本主義の其後の新発展と新中産階級の発生とは、資本主義の発展に関するマルクス説の修正を必要とすることを主張した。然るにマルクス説は今や新しい試験を受けて居る。即ち戦後の資本主義は、よく四ヵ年の破壊から恢復して、再び旧秩序を建て直す力があるかどうかと言ふことである。若し欧羅巴の資本主義がよく此の難関を切り抜けて残存するものとすれば、資本主義の前途には、或いはマルクスの予想しなかった新しい発展の段階があるかも知れぬ」（④－436）。

資本主義体制の自己修正力の内有を認知している山川は、内発的な自己革新に満ちる活力を社会主義思想・運動にも求めた。社会主義は資本主義のそれを上回る内部改革力を発揮するものでなければ、発達を遂げた資本主義体制を超え出ることはできないのであった。

こうも言う。「社会主義運動は資本主義社会を乗り越えようとする運動だから、それは当然に資本主義社会の理性の水準よりも高い水準に立つ運動とならざるを得ないのではないか」（『ある凡人の記録』、362頁）。正論である。

フルシチョフ、ミコヤン演説やハンガリーなどでの東欧動乱をめぐって年来の独自な主張を纏めた秀作『社会主義への道は一つではない』を最後に、山川は病状の悪化により執筆活動を止めた。程なく58年3月、彼はその生涯を閉じた。

12　山川イズム論評の変遷

第二次共産党による山川や労農グループに対する批判は、解党主義、折衷主義などの個別的な誤りの非難に端を発し、1920年代末には共産党と対立する党派的立場を表す社会民主主義としての弾劾へ遷移した。河崎〔鍋山〕、細井〔市川〕の「コミンテルン執行委員会政治局宛報告」（1928年1月）では、「共産党を事実上離脱したメンシェヴィキ・グループ（山川、青木〔荒畑〕、猪俣、北浦ら）」（『資料集コミンテルンと日本共産党』、210頁）。コミンテルン執行委員会で承認された「日本共産党の当面の任務に関する同執行委員会決議」（1928年10月）では、「右翼改良主義者から『労農』派にいたる社会民主主義者の裏切り」（同、230頁）。

1924年5月に発刊され、第二次共産党の合法理論誌として29年まで出版された『マルクス主義』には、社会民主主義勢力批判と並べて山川、労農グループを左翼社会民主主義として批判する論攷の掲載が相次いだ。

第三五号（27年3月）、徳田球一「日和見主義の一典型―山川均氏の折衷主義批判」

第四七号（28年3月）、渡辺政之輔「「労農」一派の左翼社会民主議的傾向を駁す」

第五〇号（28年7月）、相馬一郎「左翼社会民主主義の正体」

第五六号（29年4月）、高橋貞樹「日本の政治経済に於ける半封建的関係の残存について―猪俣氏「現代ブルジョアジーの政治的地位」を評す」。同「左翼社会民主主義者の「横断左翼」─解党主義の好典型」

そして、コミンテルンのいわゆる「32年テーゼ」は、「社会ファシスト、とくにその左派（労農大衆党、警察の直接の手先たる解党派）は、依然としてストライキ闘争と農民争議の指導権をその手に握っているが、これは、闘争を裏切るためでしかない」（『資料集コミンテルンと日本共産党』、307頁）として、『労農』グループの日本大衆党・全国大衆党も加入している労農大衆党を「社会ファシスト」と断罪した。「左翼社会民主主義者（労農大衆党、労農派、…「日本共産党労働者派」…）」（308頁）とも明示し、特に猪俣、山川を記名した。

ここに、コミンテルンによる山川、労農グループの思想・運動に関する「（左翼）社会民主主義」規定が確定した。

戦後の日本共産党（系）マルクス主義者にとって戦前来の最大の遺産は「32年テーゼ」であり講座派理論であった。スターリン主義化し社会ファシズム論に立つコミンテルンによって「（左翼）社会民主主義」の烙印を押された山川や労農グループは、左翼社会民主主義者として貶されるのが常套化した。

21世紀の不破哲三『日本共産党を語る』（新日本出版社、2006年）も、「山川主義」を「日本の社会民主主義の左翼（いわゆる「労農派」）」（上、42頁）と規定する。

それだけではない。研究者、ジャーナリスト、評論家などのなかでも、共産党（系）であるか否かを問わず、ロシア革命やソ連「社会主義」の称揚に連接して、山川や労農グループに関する「左翼社会民主主義」規定は受容され罷り通ってきた。

日本におけるマルクス主義、社会主義形成の闘いにおいて、縦横の活躍をした山川の果たした役割は重にして大であった。しかし、第二次大戦後の世界の一巨大勢力としてソ連が隆盛した時代、ソ連マルクス主義の圧倒的影響下にあった日本の左翼政党、労働組合は無論、進歩的なジャーナリズム、大学アカデミズムにおいても、山川イズムは「左翼社会民主主義」のレッテル張りの下で不当に軽視された。

ソ連共産党第二〇回大会でのスターリン批判によってソ連「社会主義」の分解、衰退が始まり、山川が逝去した後に、コミンテルンや共産党の呪縛からの解放が進むとともに、漸くにして山川の思想・運動を再審する動向が抬頭し広がってきた。

山川イズムに光をあてて、研究を進展させ高めてきた主要な著論を列挙する。

判沢弘「労農派と人民戦線―山川均をめぐって」、思想の科学研究会編『共同研究転向　中』、平凡社、1960年

上山春平「労農派の思想」、『思想』1962年4月号

小山弘健、岸本英太郎編『日本の非共産党マルクス主義者』、三一書房、1962年

高畠道敏編『山川均集』「解説」、『近代日本思想体系　19』、筑摩書房、1976年

石河康國『労農派マルクス主義』上・下巻、社会評論社、2008年

石河康國『マルクスを日本で育てた人』Ⅰ・Ⅱ、社会評論社、2014・15年

米原謙『山川均』、ミネルヴァ書房、2019年

ここでは、判沢弘と米原謙の論著について概評し、山川イズム研究の歴史的流れ、今日的到達を明らかにしたい。

（イ）判沢弘「労農派と人民戦線―山川均をめぐって」

共産党（系）ではけなし言葉のレッテルを張られてきた山川、労農派について、党派的観点から離れ、い

わば市民的目線で、新たに功罪を照射し見極めようとする長篇である。
一から八までの小節により構成され、「二　山川均小伝」「三　第一次共産党の人びとと「ブハーリン・テーゼ」草案」「四　「上海一月テーゼ」と「福本イズム」」「五　労農派の誕生とその性格」「六　人民戦線」「七　山川の思想における市民的性格」を通じて、山川の77年の生涯の軌跡を追う。

山川の社会主義運動について、その多彩な論評の総括的な結論部を示すと、「山川が、第一次「日本共産党」の路線による反体制運動の失敗を自己批判し、経験や叡智を蓄積して有効なたたかいを挑むために、玉砕主義をとらず、日本人的嗜好たる英雄主義的ビヘビアーからははるかに遠いところの、そして、女々しくさえもみられる保身・妥協の道を通りながら、昭和の、十五年間にわたる戦争中…志操を貫いたということは、獄中十七年組とは異なるところの、別種の「非転向」であったということができよう」(430頁)。山川をはじめとする労農派の闘争は「善意に介すれば「しなやかな抵抗」、意地悪く見れば「臆病なズルい抵抗」」(374頁)であって、「あの戦争下における抵抗集団として、ともかくも終始一貫立ちつづけ得たという事実は、彼ら労農派のシンの強靭さと、その抵抗のフレキシビリティ―とをわれわれに語りかける」(423頁)。かような評価は、大凡肯綮に当たる。

山川のマルクス主義研究について、「マルクシズムに接しても、…それが学問である以上必ずやまぬがれないであろうドグマ性をも認識し、かつ、学問の非完結性への確信を把持してやまぬという態度」(387頁)を積極的に評価する。山川は、マルクス理論に拠って立ちながらも、マルクス理論を絶対的な真理としなかったし、マルクス理論に対する異論のうちにも正しいものは認めて摂取しうるものを摂取した。

生活の営みについては、「挫折のたびごとに彼が携わってきた生計の手段が、薬店、写真業、印刷屋(計画のみ)、広告宣伝業(売文社)、園芸・養家畜養禽等々みな市民的生活、彼の自伝が『ある凡人の記録』と題されているのを見ても、平凡な市民的生活者たることが彼の信条であった」(412頁)。「ルンペン的な職業的革命家の生活とは無縁なものであった」(同)。山川は散々苦労しながら自活の道を立てたし、社会主義運動の財政面に関してもコミンテルンから流れてくる資金に手をつけるようなことはしなかった。

判沢論文は、コミンテルン・共産党の強力な影響の下で浸透してきた山川イズムに対する既成観念を破る斬新な評論であり、山川イズム再検討への道を開く第一作であった。

その功績の反面、欠陥も目立つ。大きく二点を挙げる。

一つには、第一次共産党の山川の「思想的立場とは、いうまでもなくコミュニズム」(381頁)と認めつつ、「第一次日共結成から…労農派解消にいたるまでのコースは、…コミュニストないし容共左派たることから身を引き離していった過程」(408頁)と解し、「戦後は、社会民主主義者のとしての立場」(370頁)に転じたと捉える。そして、山川の「転向」を「不作為の転向」(376頁)と規定する。

これは、事実に基づかない誤認であろう。第二次共産党と分裂し対抗した山川の立場は、「コミュニズム」から「身を引き離し〔た〕」のではなく、ソ連共産党直属の第二次共産党とは別種の「コミュニズム」、日本の条件に適応する「コミュニズム」の具体化の追求であった。戦後は自らの「コミュニズム」を前面に立てた社会主義労働者党創立を試行した。社会党に身をおいて活動したのは、主義者としての歳月40年のうちの10年には満たなかったし、その場合も「社会民主主義者」に「立場」を転じたのではまったくなかった。「一　序」において設定した視座、即ち「共同研究転向」の一篇として、「転向」概念に山川の思想・行動をはめこむ方法的無理にともなう誤断と言えよう。

なお、巻頭の「第二篇『共同研究転向　中』の要約」は、別の筆者によるのだろうが、「偽装転向」に係る項に山川も記名(2頁)している。それとの関係は一切不明である。

いま一つには、山川、労農派を論評する基準としてコミンテルンの至大な影響が、全篇の随所に観取される。代表的事例として、「獄中十七年」が「非転向」の極致と見做されている。戦前日本共産党の「（プロレタリアートの）祖国ソヴェトを擁護せよ！」のスローガンが「抽象論としては正しい」（３９９頁）と当然視されている。

しかし、そこには重大な盲点がある。日本共産党員の非転向は、日本国家への絶対的な反権力の信念の反面、スターリンを頂点とするコミンテルン・ソ連共産党に盲従し、その思想・運動の絶対的な正しさを信じきっている没主体性に由来していた。また、共産党は社会主義への道を益々踏み外しているソ連の実態には眼を塞ぎ、これを擁護すべき「祖国」と錯視していた。「獄中十七年」の「非転向」も、「祖国ソヴェトを擁護せよ！」も、１９３０年代共産党の否定的な問題として捉え返され克服されねばならない事柄に属する。

１９６０年当時には、市民派も依然としてソ連マルクス主義・「社会主義」の偶像化の一翼を担っていた証左ともなっている。

（ロ）米原謙『山川均』。

日本の歴史を動かした人物の評伝シリーズの一作である。その関係からであろうか、九章からなる全体の構成において、「序章　山川均の幼少年期を歩く」「第一章　同志社時代」「第二章　不敬事件」「第三章　社会主義者としての出発と挫折」は調査が行き届いて極めて詳細である。「第四章　若き理論家の誕生」を含めると、歴史を動かしたマルクス主義者、社会主義者になるまでの山川に、本書の半分に近い頁が割かれている。本書の一つの特徴である。

それに比べると、「第七章　東アジアの「山川主義」」の貴重な紹介的研究は別として、山川のマルクス主義・社会主義思想・運動のハイライトを対象とする「第五章　日本型社会民主主義への道」「第六章　福本イズムとの闘い」「終章　社会主義の実現を模索して」は手薄感がある。

叙述過程の「表1　主要掲載紙誌における年次別発表論文数（戦前期）」（134頁）、「表2　民主主義批判の論文」（140頁）、「表4　山川均の著作の中国語訳（単行本による発行）」（234～5頁）など五つの表の作成は、労力を要する作業であり、本書の好ましい特徴に数え入れられる。

本書の最大の特徴は、山川イズムを「日本型」の社会民主主義と性格規定し、その所以を説示しているところにある。

「一般に社会民主主義とは、…共産主義インタナショナル（コミンテルン）と対立し、プロレタリア独裁を否定して、最終的にマルクス主義から離れて、議会を通じた社会主義の実現を目指す路線を指している」（155頁）。「日本型社会民主主義とは、…西欧社会民主主義とは異なって、マルクス主義の革命概念を固持しながら、他方でコミンテルンや共産党とは一線を画する立場である。共産党との違いは、レーニンの「前衛党」という組織形態に否定的で大衆的な党組織を基礎とすること、社会主義革命における暴力の必要性やプロレタリア独裁を否定するか、または最小限に抑止する志向を持つことである」（156頁）。「山川がこうした思想的立場を樹立していくのは1924年頃で、1926年から翌年にかけての日本共産党の再建、福本イズムとの対立、雑誌『労農』の発刊において確固たるものになった」（同）。「山川の試行の延長線上に、わたしはマルクス主義的社会主義の否定と西欧型社会民主主義を予測せざるをえない」（317頁）。

（註　日本型社会民主主義の語の初出は、岸本健一『日本型社会民主主義』、現代思潮社、1966年、であろう。）

山川イズムに関する従前の説論の大多数は、大学研究者を含めて、畢竟するにコミンテルンや日本共産党の「（左翼）社会民主主義」規定の受け売りであり、その彩色であった。近年では、犬丸義一『第一次共産党史の研究』（青木書店、１９９３年）はその代表作と見做される。

それらとは異なって、米原の著書は、山川の膨大な論著を丹念に読みこみ、核心部をしっかり掴みとる作業に基づいている。それに、ソ連崩壊から４半世紀を経た時点にあって、山川のソ連社会主義批判を首肯し、レーニン主義に対しても一定の批判的な見地を示している。

米原の所論は、従前の山川イズム研究より格段に進歩した地点に立っている。本書の前進的性格を認めたうえで、しかし、「日本型社会民主主義」説に所在する幾つもの無理の適示に努める。

① 山川はマルクス理論をレーニン、スターリン、またエンゲルスのフィルターを通さず習得して自己形成し、創成期の日本マルクス主義的社会主義の理論と実践の第一人者として活躍した。そして、固有のマルクス主義的立場を終生堅持した。「最終的にマルクス主義から離れ〔る〕」ことはなかった。ましてや「マルクス主義の根本問題を否定する所に行き着〔く〕」（３１３頁）ことは決してなかった。

② 「山川の試行の延長線上に、わたしはマルクス主義的社会主義の否定と西欧型社会民主主義を予測せざるをえない」（３１７頁）。米原は社会民主主義とマルクス主義を択一的な排他関係に置いて論議している。それは、コミンテルン、日本共産党のマルクス主義には妥当する。だが、山川の「日本型」マルクス主義にはあてはまらない。彼の追求は資本主義経済と民主主義が発達途上にある、ないし発展した国での「マルクス主義的社会主義」の試行であった。つまるところ、米原説は資本主義経済も民主主義も未発達のロシアにおけるレーニン（主義）以降のソ連マルクス主義をもって、マルクス主義の正道とする理解になお囚われている。

③ 山川が「コミンテルンや共産党と一線を画する立場」を形成したのは、１９２４～２７年の第二次共

産党建設過程ではなく、第一次共産党においてであった。その際は、前衛党と無産政党の関係やプロレタリア独裁の問題の対立にもまして、国際共産党コミンテルンと日本支部共産党の上意下達関係の思想・運動スタイルへの批判、「22年テーゼ」への違和が原因であった。

④ 第一次共産党解党後の山川の単一無産政党論形成は、「社会主義革命」を当面している課題とするのではなかった。日本資本主義の経済的、政治的発展の現状を分析し、社会主義革命を戦略と定めたうえで、無産階級が現実に当面している変革は、いまなお未達成の民主主義革命に他ならないことを倦まずたゆまず強調した。民主主義的変革の徹底は社会民主主義勢力との共同事業でもあった。マルクス主義的革命運動は、社会主義革命に向かって歩を進めるには民主主義を全面的に発達させる闘争を不可欠とするし、社会民主主義的成素を包有しているのが本来の在り方である。後期マルクスの所説にも窺えるように。

⑤ 山川は前衛政党の必要性を否認したのではない。社会主義革命を当面する課題とする将来に先送りした。戦前と諸状況が一変した戦後においては、「昔は共同戦線党ということを主張したが、今度はそれとは違った、党と党との間の、つまり組織と組織の間の共同戦線をつくるべきだ」(「日本の社会主義」、265頁)と判断したし、社会主義新党の創出に挑んだ。だが、山川新党、社会主義労働者党の件は無視されている。但し、民主主義的変革の闘争を徹底した社会主義革命政党はソ連共産党などとどのように相違する形姿をとるか、山川は不明のままに残した。

次に、「日本型」をめぐってもっと多面的なアプローチによる考察が必要である。とりわけ肝要な国家権力、共産党についての分析が、本書には欠けている。

1920年代の国家権力は、大正デモクラシーの要求する普通選挙権の採用・実施に踏みだす一面を有しながら、明治以来の伝統を維持して社会運動を厳しく取り締り、治安維持法を制定して反体制的な思想・運動の制圧に力を注いだ。共産党は非合法にし、左翼的な無産政党、労働組合などの解散を強制した。他方、コミンテルンに直属し天皇制絶対主義打倒の指針に従った第二次共産党は、数度の大弾圧を被り、スパイに潜入されて、真っ当な闘いを展開できなかった。これら強権主義的国家権力の抑圧と第二次共産党の闘争の破綻に、山川や労農グループの思想・運動は密接に連関していた。

その他にも、米原は「日本型社会民主主義の思想」（山口二郎・石川真澄編『日本社会党』、日本経済評論社、2003年、所収）において山川理論を考察し、ソ連論や社会主義への移行期論等に関する山川と向坂逸郎の相異を分析し明らかにしていた。その論点を本書は再展開する。真っ当な解明であり、米原の功績に属する。

ここで批評した判沢論文や米原書は、日本のマルクス主義思想・運動に関する党派的な偏向の無い、公正な研究の特徴を備えている。党派主義に厳しい目を向ける研究でさえも、コミンテルン所与の山川イズム＝「(左翼)社会民主主義」規定をキー・ワードとして活用している。一世紀に及ぶ日本マルクス主義思想・運動の歴史に占めるソ連マルクス主義の圧倒的な力、そして日本の社会科学に浸潤しているソ連マルクス主義の影響の深遠さに思いを馳せざるを得ない。

（註　石田雄『増補新装版　日本の社会科学』、東京大学出版会、2013年、「Ⅳ「階級」の出現と「社会科学」」は、1920～30年代に抬頭し発達したマルクス主義による「社会科学」の「独占」を説き、そのマルクス主義として福本イズム、『日本資本主義発達史講座』を決定的に重視している。この説自体、戦後に圧倒的な地歩を占めたソ連マルクス主義に靡いた研究の表明であろう。）

13　山川イズムの歴史的意義

山川は1世紀余りの歴史を刻んだ日本マルクス主義思想・運動上の、同時にマルクス主義の影響が強い日本社会主義思想・運動上のキー・パーソンである。

彼は、日本における社会主義思想・運動の草創期に、堺利彦、大杉栄、荒畑寒村らとともに国家権力の暴虐に抗して民主主義的自由のために闘い、1917年のロシア革命による世界的な新時代を迎えると、社会主義的な諸々の文献の邦訳・紹介に携わり、マルクス主義を根づかせる土台を築くのに力を尽くした。コミンテルンの働きかけで日本共産党結成の中心を堺、荒畑と担い、コミンテルンが与えた「22年テーゼ」とは別個に、自前の「日本共産党綱領」を作成した。同時に「無産階級運動の方向転換」を創唱し、天皇制廃止の共産党と離れて、(成年男子)普通選挙実施、無産政党誕生の新たな形勢に応対する左翼から右翼にわたる協同戦線的な単一無産政党の組織化に奮闘した。

爾来、20世紀マルクス主義を領導したソ連マルクス主義(スターリン主義、レーニン主義)と一線を画して、批判を浴びつつも、日本に根差した自主的なマルクス主義的社会主義思想・運動を探求し開発的に創出する苦闘に志操を貫いた。

敗戦後における社会党、共産党に替わる山川新党(社会主義労働者党)創立の異例の挑戦は、全くの失敗に帰した。だが、20世紀マルクス主義の歴史の上で重大な意味を秘めていた。コミンテルンやソ連に反旗を翻し、独自に自主的な社会主義を追究した事績として、タタールのスルタンガリエフ、ドイツのカール・コルシュ、ユーゴスラヴィアのチトーなどが知られている。これらとの対質は今後の研究課題であるが、山川新党も同類の試行と見做される。そして、当時の山川らのソ連を国家資本主義とする異説は、今日的に顧みればまさしく先駆的な議論であった。

（註　社会党、共産党に替わる革命的前衛党を目指す新左翼セクト活動家として青年期を送った筆者（大藪）は、「最後のオールドレフト」にすぎなかったことを、山川の社会革命思想・運動を研究して改めて痛感する。スターリン批判を承けて５０年代末から叢生した諸々の新左翼セクトは、スターリン（主義）全盛下に社会主義労働者党創立の声を挙げた山川（グループ）の足元にも及ばない。襟を正して山川イズムを正視したい。）

また、イタリア共産党が「社会主義へのイタリアの道」を唱道するのは、５６年１２月の第八回党大会においてであった。１９２０年代における第一次共産党とイタリア共産党、山川とグラムシの比較史的研究も、興味深いテーマである。

ソ連が変質の酷さの果てに崩壊しさり、その影響を蒙って社会党も消滅した現在では、山川（グループ）の追求した新たな社会主義思想・組織・運動の創出は、過去形ではなく未来形に属する。

山川イズムの歴史上のレヴェル、その高さを、これまでの諸々の論評では取りあげられることのなかった一論文「平和革命と階級独裁」、および「デリゲート」の語句について検討し、本篇で考察してきた山川のマルクス主義思想・運動の真価の一端を確認しよう。

山川はかの山川新党の準備を始めた時機、プロレタリアート独裁についての独自的な新考察「平和革命と階級独裁」（『世界文化』、１９４８年９月号）を発表した。当論文は、山川のプロレタリアート独裁論考として最もまとまりがあり、深く掘り下げて展開されている。

まずは、マルクス『ゴータ綱領批判』の「資本主義社会より共産主義社会の間には、前者から後者にうつる革命変転の時期がある。そしてこれに照応してまた政治上の過渡期があるが、その過渡期の国家はプロレタリア独裁となるほかない」（⑲‐１２７）という周知の行を引用して、諸々の解釈の相違点を示しつつ、プロレタリア独裁は資本主義体制を社会主義・共産主義体制へ革命的に変革する過渡的な道程における政治的側面に位置することを示す。

そのうえで、プロレタリア独裁についての二通りの解釈を区分する。

一つは、「国家はある階級が他の階級を支配する階級支配の組織」（⑯‐１９４）で、「階級独裁は…国家の本質を言いあらわした」（１９５）とする説である。この場合、階級支配がどのような仕方で行われているかはいろいろであっても、「すべての国家は階級独裁であるということになり、従ってまた、階級独裁ということは階級支配ということと全く同じ意味あいになる」（同）。その実例として、マルクスがブルジョア独裁やそれに対抗するプロレタリア独裁の語を濫発した『フランスにおける階級闘争』のケースを挙げる。

いま一つは、「国家の本質ではなくて階級支配のおこなわれる特殊な政治形態と解釈する」（１９６）。「パリ・コミューンやソヴェト制度のような特殊な政治形態をさす」（同）説である。『フランスの内乱』は、このケースである。

20世紀マルクス主義のプロレタリアート独裁論の公式はレーニンの所論、なかんずく『国家と革命』第二版に追補された公知の提題、「ブルジョア国家の形態は多種多様であるが、その本質は一つである。これらの国家はみな、形態はどうあろうとも、結局のところ、必ずブルジョアジーの独裁なのである。資本主義から社会主義への移行は、勿論、極めて多数の多種多様な政治形態をもたざるを得ないが、しかしその際、本質は不可避的にただ一つ、プロレタリアートの独裁であろう」（㉕‐４４５）であった。山川の言う「国家の本質を言いあらわした」説の典型である。尋常の俗流マルク主義者達はこぞって、この公式論の復唱、通俗化に明け暮れてきた。

山川はレーニン由来の公式論で事足れりとせず、異論に着目して議論を広げる。「英国共産党の一学者はパリ・コミューンの構成員は普通選挙によって…選出されたものだという点でパリ・コミューンはプロレタリア独裁ではなかったと主張する…。こういう反対意見の共通点は、…プロレタリア独裁という言葉を国家の本質ではなく階級支配の特別の形態と解釈することである」（196）。併せて、レーニンがプロレタリア独裁を特別の政治の形態をさすものとして用いた事例も挙げている。

プロレタリア独裁に関して通用している二通りの論法に関し、山川は独裁の特殊性を政治的階級支配一般に解消する前者の説ではなく、独裁の特質に注着する後者の説を肝心要の問題に設定して考究する。

プロレタリア独裁は社会主義への革命的変革過程の特殊的な政治形態である。その革命的変革の形態は、それぞれの国において多様である。それ故、「資本主義社会から共産主義社会への推移が異なった条件のもとでおこなわれる場合には、「革命的転化の時期」にもこれに照応したプロレタリア独裁はない―あるいは必要がない―ということになる」（同）。即ち、プロレタリア独裁を必要としない社会主義への革命的変革の政治形態も存する。

かくして、「かりにプロレタリア独裁を特別の政治形態の意味に解釈するならば、資本主義社会から新しい社会への推移が完全に平和的な道でおこなわれるかどうかは別問題としても、もしある条件のもとではそれが行われるとしたならば、そのような条件のもとでは、プロレタリア独裁はありえぬことになる」（198）。

如上のように、山川はプロレタリア独裁をめぐる多様な解釈を詮索し、公定論を鵜呑みにせず、疑問を差し挟み、異論に触れ、マルクス、エンゲルスやレーニンの所論を捉え返し、プロレタリア独裁論を根底的に再審する。そして、当該国の諸条件に応じて「プロレタリア独裁はありえぬ」政治的形態の存立することを導き出す。

このプロレタリア独裁論の脱構築は至当であり、正道である。

理論的に成熟したマルクスの所論にも合致する。

後期のマルクスは、山川が引用するように、「可能なところでは平和的な方法で、必要とあれば武器をとって」(労働者階級の政治活動についてのマルクスの演説の記録、⑰―622)の基本的スタンスを示し、イギリスやアメリカ、オランダなど資本主義経済と民主主義政治が発達した国における国民的多数派による平和的な社会主義への道をしばしば説いた。つまり、プロレタリア独裁を斥けた。「これらの国々の革命は多数者によっておこなわれるであろう。革命は一党一派によっておこなわれるものではなく、全国民によっておこなわれるものなのだ」(『ザ・ワールド』紙通信員とのインタヴューの記録、⑰―611)。「われわれはそれぞれの国の制度や風習や伝統を考慮しなければならない」(「ハーグ大会についての演説」、⑱―158)。

マルクスは、パリ・コミューンに関してもプロレタリア独裁を説くことはなかった。山川がパリ・コミューンをプロレタリアート独裁と呼んだのはマルクスに非ず、最晩年のエンゲルスだと押さえているだけでも、マルクス＝エンゲルスの一心同体説が常識化している時代にあってなかなかのものである。

「平和革命と階級独裁」論文は、山川の面目躍如、彼のマルクス理論研究の非凡さを良く示している。

同論文は「フランスの内乱を読みつつ」と副題されており、パリ・コミューンの高度の民主主義的営為の画期的意義をコミューン型国家論として唱道したマルクスの真意に迫っている。当時の日本のみならず世界のマルクス主義理論戦線にあって、目を見張るような先進的思索である。

嘗て1920年、青年山川がボリシェヴィズムのプロレタリアート独裁をめぐって、マルクスの『仏国の内乱』を参考しプロレタリアートの「独裁権」はブルジョア民主主義をより高次の次元で保持するものというユニークな視点を示していたことも想起される。

付言すると、山川はマルクスのフランス三部作のうちの二作、『フランスにおける階級闘争』と『フランスの内乱』の翻訳書の再刊（1948年6月、彰考書院）に際して、「解題」を付し、パリ・コミューンの実情に関して記述した。「80名のコミュン議員」は「社会主義者と労働階級の代表者が多数を占め、国際労働者協会のパリ支部員は…17人をかぞえたが、…ブランキー主義者も優勢であった。コミューンは、政治上では共和国の樹立を目指し、経済上では重要産業を国有として労働組合の管理に移そうとした」（⑯－479）。この解説は、しかしながら、パリ・コミューンに関する当時までの研究水準に制約され、国際労働者協会の勢力を誇張し、重要産業の国有化を事実視している等の誤認が含まれている。

次に「デリゲート」について、第一次共産党の「青木、坂谷のコミンテルン執行委員会あて書簡」は、コミンテルン第四回大会に「吾党から派遣するデリゲート」（『資料コミンテルンと日本共産党』、73頁）に言及した。共産主義者同盟や国際労働者協会は、ブルジョア政党や政治団体の代表制 representative system と異質でそれを乗り越える delegational system を組織原則にして活動した。『フランスの内乱』等の関係文献で確かめられるように、「デリゲート」として自組織からの大会への出席者を選定した。

この国際労働者協会の delegational system、delegate（拙訳では派遣制、派遣委員）の原則を、堺、山川らは原史料に接して読みとり、それに倣っているのだった。

delegational system を理解しえなかったレーニンがソ連に設けたのは新手の代表制であった。delegational system は20世紀マルクス主義における見失われた環の一つである。

（註　拙稿「代表制と派遣制」、『マルクス・カテゴリー事典』、青木書店、1998年、375〜7頁。拙稿「十月革命におけるソヴェト国家体制創建の問題」、『マルクス主義理論のパラダイム転換へ』、明石書店、2020年、222〜3頁。なお、富田・和田は「デリゲート（代議員）」と表記）。

最後の最後に山川イズムの特徴のあれこれを記す。

山川は学究的で思索の人の感がある。彼はエンゲルスやレーニンを通したマルクス理論ではなく、マルクスの原典―特に『資本論』、政治理論では『フランスの内乱』―を学びとり、それを基礎にしてマルクス主義理論を体得した。加えるに、ソ連、イギリス、ドイツ、フランス等の社会主義思想・運動の広範な研究によって築いた社会主義論は体系性・綜合性を備え、それらを活かした日本の社会主義に関する所論は理路明晰な特徴を有した。

山川はマルクス理論の主体化に精進してレーニン主義、スターリン主義の限界や難点を掴みとり、ソ連マルクス主義への同化を迫るコミンテルンに反逆した。

政治思想と行動において包容的であった山川のマルクス主義には、健全な懐疑主義や民主主義的自由主義の寛容の精神も入りこんでいる佇まいがある。

日本共産党は一国一前衛党論に立つコミンテルンの支部であることをもって、思想・運動の正誤と無関係に前衛党を自称した。それを批判した山川は、前衛党を指向するのは共産党だけでない、複数の前衛党派の存立を想定したと推測される。国際労働者協会の再評価にも関わる問題である。

山川イズムの実践活動においては、平民社、社会主義同盟、第一次共産党、労農グループ、民主人民連盟、社会主義労働者党、社会党左派と、倦むことない不撓の労に終始した。だが、試行錯誤性を免れず転々とし、それなりの成果を挙げた闘いはあっても、実を結ぶことはなかった。理論的卓越性にもかかわらず、実践的には力強さに乏しかった。

山川は病人的生活に明け暮れした。連れ合った菊枝によると、「肺炎、肋膜炎、脊椎カリエス、腸結核に苦しみ、体重は重い時でも十一貫、近頃は九貫という有様」だった。盟友荒畑の証言では、山川の書斎には絶えず寝床が敷かれていた。「山川君は確かに指導者であった。その透徹した理論、厳正な判断は、山川君をして指導者たらしめはしたが、その資質や性格、殊に病弱な肉体的条件は、泥まみれになって東奔西走する卒伍と、寝食苦楽を分つことを妨げていた。その結果、山川君の態度にはどこか高踏的なところがあり、人格の高潔なように理論的にも潔癖であって、実践運動の誤謬に対しては進んでたたかうよりも、退いて自ら潔うする傾向にあった」（荒畑「知られざる一面」、『世界』「特集　山川均氏をしのぶ」、1958年6月号）。理論的な卓抜さと実践的な淡泊さを理解する一視点である。

均と菊枝は、思想的に一致し、経済的に自立し、お互いの信頼と愛情で深く結ばれていた。家事労働も共にした。二人の夫婦関係は理想的であった。

山川は1958年3月逝去した。彼が生涯を通して探求し献身してきた社会主義思想・運動が報いられることは終になかった。

山川のマルクス主義的社会主義の思想・運動は、様々の方面において未来形である。

恐れ入りますが、切手をお張り下さい。

〒113−0033

東京都文京区本郷

2−3−10

お茶の水ビル内

（株）社会評論社　行

おなまえ　様

（　才）

ご住所

メールアドレス

購入をご希望の本がございましたらお知らせ下さい。

（送料小社負担。請求書同封）

書名

メールでも承ります。　book@shahyo.com

今回お読みになった感想、ご意見お寄せ下さい。

書名

メールでも承ります。 book@shahyo.com

向坂逸郎の理論と実践　その功罪

1　戦前の活動

戦前の向坂はマルクス主義の文献紹介と理論研究で活躍した。

大正デモクラシー、ロシア革命の衝撃とその余波を受けた日本共産党の誕生、そして中国侵攻を導火線とする軍部ファシズムの興隆、左翼思想・運動の全面弾圧が時代的後景であった。

向坂は１９２１年東京帝国大学経済学部を卒業して同学部助手になり、２３年から２５年までドイツ留学、２５年６月九州帝国大学法文学部助教授に就任した。

２７年に学友の東京帝大助教授大森義太郎に誘われて、改造社企画の『マルクス・エンゲルス全集』刊行の編纂の責任者を務め、世界各国に先駆けてマルクス、エンゲルス理論の全体像の紹介を果たした。

『マルクス・エンゲルス全集』は、別巻、補巻を入れて全２９巻（３２冊）、向坂がドイツ留学中に自ら蒐集した膨大な文献も活用しつつ、１００名に近い翻訳者、５年を越す年月を要した大事業であり、世界初の大全集の編纂であった。初版１万５千部だった。

しかも、五社連盟（岩波書店を含む）によるもう一つのマルクス・エンゲルス全集の計画と競合しつつ、それを刊行中止に追い込んでの達成であった。この功業により、向坂は新進のマルクス研究家として、左翼ジャーナリズム世界に一躍令名を馳せることになった
「昭和２年３年の頃は、マルクシズムに関する出版物隆盛の絶頂であって、プレハノフ、レーニン、スタ

リン、ブハリン、ロゾウスキー、ルナチャルスキーの諸著をはじめ、ロシアにおける多くの新進学者の著書は、恐らくは世界中のいずれの国よりもわが国において迅速に反訳刊行され、コミンターン関係の文書も盛んに反訳刊行され、マルクシズムに関する出版物は一種の流行の観さえも呈した。昭和3—7年に亘ってマルクス・エンゲルス全集の刊行は、マルクシズム研究のために宝庫をひらいたものだった」（山川均「吾国におけるマルクシズムの発達」、⑫－119）。

（註　1922年にソ連のマルクス・エンゲルス研究所のMarx Engels Gezamtausgabe(MEGA)の編纂がリャザーノフを中心に開始され、1935年までに第1部（『資本論』以外の著作）と第3部（マルクスとエンゲルスの往復書簡）の合わせて10巻程が刊行されたが、スターリンの弾圧を受けて中断した。）

大学アカデミズムのエリート学者のなかにも、マルク主義を立場にする若手研究者として、次の人達がいた。全員が東京帝大卒で、有沢広巳東京帝大助教授、平野義太郎東京帝大助教授、山田勝次郎京都帝大助教授、宇野弘蔵東北帝大助教授、大森義太郎東京帝大助教授、高橋正雄九州帝大助教授。やや年長の櫛田民蔵は京都帝大卒、大原社会問題研究所研究員。

向坂は28年4月、文部省の「左傾教授追放」の訓令により、対象（5名）の一人となり、マルクス経済学の研究・教育に携わっていても実践運動を担っていないのに、辞職させられた。その後は在野のマルクス主義研究者として活動する。

28年に大森を通じて山川均と知り合い、労農グループの同人となった。

向坂は文献紹介や翻訳に力を注ぎ、ジャーナリズムで活躍した。『中央公論』、『改造』など総合雑誌への論文掲載数は山川には及ばなかったにしても、労農グループの論客として健筆を揮った。

主な掲載論文を記す。

『文芸春秋』１９２９年８月号、「カール・マルクスとハインリヒ・ハイネ」
『中央公論』１９３０年３月号、「現代インテリゲンチャ論」
『改造』１９３０年１２月号、「マルクスの地代理論」
『中央公論』１９３１年８月号、「山川均論」
『中央公論』１９３２年４月号、「浮動せる経済学」
『改造』１９３２年１０月号、「独逸共産党とテールマン」
『改造』１９３３年３月号、「マルクスの遺産」
『中央公論』１９３３年８月号、「現代自由主義論」
『中央公論』１９３３年１１月号、「自由主義の煩悶」
『中央公論』１９３４年８月号、「フリードリヒ・エンゲルス論」
『改造』１９３５年２月号、「官吏群の社会的性質」
『文芸春秋』１９３５年５月号、「知識階級と自由主義」
『経済往来』１９３５年８月号、「ある自由主義者の自己暴露」
『改造』１９３５年１０月号、「『日本資本主義分析』における方法論」
『中央公論』１９３５年１２月号、「資本主義における構造的変化の問題」
『中央公論』１９３６年２月号、「ある時代のインテリ」
『改造』１９３７年２月号、「政治と文化の相克」

『改造』１９３７年８月号、「社会主義の理想と現実」
『改造』１９３７年８月号、「統制日本の行方」

世界を揺るがせた１９１７年ロシア革命の影響は日本にも及び、社会主義に関心を抱く、あるいは共鳴する読者は多かった。マルクス主義の文献が大量に出版され、総合雑誌を舞台にマルクス主義は論壇の大きな一角を占めていた。山川の『資本主義のからくり』（１９２３年）が「数十版をかさね、もはや紙型が磨滅」する程、多くの学生や労働者に社会主義の入門書、学習書として読まれたことは、前篇「山川イズム　日本におけるマルクス主義創成の苦闘」のなかで触れた。総合雑誌は『中央公論』、『文芸春秋』、『改造』、『日本評論』などが大手出版社により刊行され、マルクス主義関係の論攷は売れ行きをよくするヒット商品に属していた。

左翼ジャーナリズムの隆昌下、堺利彦、山川、向坂等は著作・評論活動によって生計を立てることができた。更には、稼いだ金を社会主義運動促進の資金として活用した。

一方、季刊雑誌『社会科学』が改造社から発行され、『経済学全集』別巻を含め６４巻（１９２８〜３４年）が、河上肇、福田徳三、高田保馬、小泉信三等、経済学者を総動員して出版された。社会科学研究も軌道に乗ることになった。

この『経済学全集』において、向坂は第１０－１２巻の『資本論体系』上・中・下の『資本論体系上』（１９３２年）と『資本論体系下』（１９３１年）を著した。更に、第２６－２７巻の『経済学説の発展』上・下の『マルクス経済学説の発展上』（１９２９年）を猪俣津南雄、河西太一郎と共に著し「人口理論」を担当した。労農グループでは他に、第３２巻『唯物史観経済史』（１９２９年）の執筆に山川が加わり、第４８巻の『唯物史観』（１９３２年）を大森義太郎が著述した。経済学においてマルクス経済学が確たる位置を占めていること、労農グループのマルクス研究の優れていることの証であろう。

また、向坂は『日本統制経済全集』（改造社）の第十巻『統制経済論総観』（１９３４年）を述作した。２９年アメリカに始まった経済恐慌は全世界を巻きこむ大恐慌となった。他方で、ソヴェート・ロシアにおける五ヵ年計画は成功した。統制経済、計画経済への要求は著しく高まり、学界、論壇でいろいろの論が生まれている。かような見地から、まず「資本主義的計画経済論」、「資本主義「修正」論的計画経済論」、「独占強化の煙幕としての経済統制論」のそれぞれの論者達の諸説、次に「ファシズムの計画経済論」、最後に「「計画経済論」の可能性と不可能性」ではオシンスキー「国民経済計画化の前提、本質及び形態」などを紹介した。

戦前の日本において、知識人層ではマルクス主義への共感者の層は厚く、左翼ジャーナリズムは隆盛した。何故だろうか。多面的な考察の一環として、社会的基盤である中等・高等教育の拡充と経済恐慌の同時代相に注目しよう。

第一次大戦後の日本は、中学校、高等女学校、実業学校、実業補習学校の中等教育を拡大すると同時に、官立大学の他に公立・私立大学、単科大学の承認、帝国大学の拡大、官立単科大学の設置などにより高等教育を拡張した。これにより、インテリゲンチャが大量に生産された。学生数は、１４年から３６年までに、中等教育は５６・８万人から１００・８万人に、高等教育は４・２万人から９・８万人に倍加した。

この過程で、１９年東京帝大に新人会、早稲田大学に建設者同盟が発足し、２３年から翌年にかけて東京帝大、京都帝大、早大などで次々に社会科学研究会が生まれ、学生社会科学連合会の全国組織となった。

その一方で、日本は２７年に昭和金融恐慌に見舞われたのに続いて、２９年アメリカで起きて世界中を巻きこんだ世界大恐慌の襲来で昭和恐慌に陥った。３０年代初期は、映画「大学は出たけれど」（小津安二郎監督）が表徴するように、大学卒業者の就職率が約３０％という不況の底にあった。こうした社会状況において、労働（組合）運動は未だ弱小であったが、ロシア革命、米騒動など国内外の民衆運動の高まりに誘発され、思想・理論の部面ではマルクス主義の知的影響力は大きく広がった。

加えて、知識人層の西欧文明に拝跪する心性、直輸入思想への心酔は、明治維新以来の伝統であった。近代日本の文明について小川未明の言う「模擬的文明」である。第二次共産党出生を指導した福本理論の学生を中心とする左翼知識人への圧倒的な影響も、この思想的風習によるところがあっただろう。

向坂は理論研究面では、『地代論研究』（１９３３年）、『日本資本主義の諸問題』（１９３７年）などを発表した。だが、マルクス経済学研究や日本資本主義分析に特段の問題提起をした業績とは評価し難い。

向坂の理論活動は、『労農』グループを牽引する山川の思想・運動の影響を受けつつも、独自性を有した。向坂の思想・理論の特徴的傾向、立ち位置を表す幾つかの断面を示す。

向坂「駁論というほどの事ではないが」（『法律春秋』１９３０年8月号）の小文は、自らのマルクス主義理論研究のスタンスをこう示す。「吾々は日本のどの社会科学者よりもマルクスやエンゲルスを先師と何等の不自然さなく、感じ得る。それは、彼等の考え方こそ広く社会の、従って又我国の諸現象を理解せしめるからである」。「私は爪の垢程にもならない『独創』とかいうものを主張するより、むしろ正しいと信ずる学説の紹介に力める」。かかるマルクス主義研究の特徴は、戦後になって顕著になり明白となる。

『ファッシズム研究』（改造社、１９３２年）は、イタリアでの制覇に続きドイツでナチ党が政治権力を掌握し支配体制を構築しつつある情況下、向坂、河野密、田中勝太郎、赤松克麿、末次一夫、佐々弘雄が、世界の怪物ファシズムの多面的解明を図る共著であった。

冒頭の向坂論文「ファッシズムの社会的基礎」は、基本的な資本主義経済構造、社会の諸階級構成、ブルジョアジーとプロレタリアートの力関係の現代的変遷の説明に基づいて、今日「所謂資本主義の一般的危機の時代が現出」した、「ファッシズムは資本主義の一般的の危機における産物であるといふことが出来やう」と捉える。そして、「世界プロレタリアートのか々げたる『綱領』も『ファッシズムと社会民主党との聯合とは、共に正常なる資本主義にとりては非常なる方法である。それは、資本主義の一般的危機のそんざいの徴表であって、且つブルジョアジーによりて、××××〈革命的危機〉を防げるために利用される』と言ってゐる」と結ぶ。

田中論文がコミンテルンの指導的活動家達の所説を紹介し纏めつつ襲用しているように、「社会ファシズム」論は当時の日本マルクス主義戦線でも定説化しつつあった。向坂論文も共産党（系）と同様に、コミンテルンの「全般的危機」論と「社会ファシズム」論を無批判的に援用する。「全般的危機」論と「社会ファシズム」論に対して批判的な山川、大森とは異なっていた。

向坂「社会主義の理想と現実」（『改造』1937年8月号）は、前年出版されたジイド『ソヴェト旅行記』（邦訳は小松清、岩波文庫、37年9月）についての批評である。ソ連の実情を見聞して失望したジイドに抗弁し、現状はやむをえざるものと見做す。「吾々は、余りに、社会主義の社会、或いは、やっとその入り口にたどりついた社会を理想化して考えてゐたのではなかったらうか」。「社会主義の『理想』〈は〉、現実には冷徹なる政治の永い道程を経なければ実現されない」。そして、事情をわきまえずに理想を見ようとしたジイドの「小市民的個人主義の希望」を指摘する。

文中には次の行も在る。「『一国社会主義』は不可能ではない。ただそれは人口と資源の豊富、国土の広大、国民全部の英雄的活動を条件としても、きわめてデリケートで、強力なる政治を欠くべからざるものとするであらう」。「ジイドには、嫌悪すべき『一人の人間の独裁』という風に見へるのであるが」。向坂は「一国社会主義」を可能と思考し、情報も制限されていてやむをえない面はあるとしても、スターリンの君臨するソ連を社会主義の国と信じていた。

向坂『レーニン傳』(改造社、1932年)は、世界の偉人伝全集―第一冊は菊池寛『ナポレオン傳』―の一冊、1917年ロシア革命にいたるまでのレーニンの生涯と事業に関する伝記である。入手した数多くの文献を参照して史実の紹介に徹し、自らによる思想的な評価は示していない
労農グループの機関誌『労農』は32年5月号で廃刊に追いこまれた。替わって32年発刊の『前進』も発禁処分が多く1年で廃刊、35年からの『先駆』も半年で廃刊となった。労農グループの運動は、社会大衆党のファシズムへの傾斜につれて大衆的基盤を失い行き詰まった。

大正デモクラシーの時代に替わって軍国主義が跳梁しファシズム全体主義の支配時代に移り行くなか、国家権力は非合法闘争を挑む日本共産党の圧殺にとどまらず、合法的に活動する労農グループや学者達をも容赦なく弾圧した。

37年12月、検挙者が372名に登った第一次人民戦線事件において、向坂も検挙、送検された。向坂は39年5月に保釈、12月予審終結、翌年12月公判開始、42年8月地裁判決懲役2年、控訴、44年9月控訴審判決懲役2年、上告と続いた。なお、38年2月の第二次人民戦線事件の教授グループは、44年12月に全員の無罪が確定した。

人民戦線事件での逮捕、投獄、裁判により、向坂も論文を書いて生計を立てることはできなくなった。出版社の世話で翻訳書を刊行したり、友人達が回してくれた辞典の項目の執筆、専門誌の翻訳などをおこなったり、細々と生活した。戦況が悪化してそれさえできなくなると、度々の苦境を農業に勤しんで切り抜けてきた山川に学び教えをうけ、野菜作りに着手して、初めて肥桶を担ぎ馬糞を拾う百姓暮らしで、糊口をしの

ぎながら戦時下を過ごした（参照　坂本守『向坂逸郎・向坂ゆき　叛骨の昭和史』、西日本新聞社、１９８２年）。

2　戦後初期の活動

戦後の向坂の活動は、第一次人民戦線事件で検挙されるまでの戦前と同様、総合雑誌での評論やマルクスの文献翻訳で始まった。『世界文化』『世界』『中央公論』『改造』などに時事問題やマルクス主義研究に関する評論を発表する一方、岩波書店からの依頼を承けた『資本論』の翻訳に取り組んだ。

主な論文として

『日本評論』１９４６年１月号　「土地制度改革について」
『世界評論』１９４６年２月号　「日本経済における民主主義革命の課題」
『中央公論』１９４６年７月号　「若き世代のために」

『世界文化』１９４６年9月号「歴史的法則について」

『世界』１９４６年１１月号「政治と経済」

『改造』１９４７年１月号「政治と妥協」

『思想』１９４７年5月号「物神性の発見」

『文化評論』１９４８年7月号「土地国有化について」

『前進』１９４８年１１月号「平野義太郎氏の問題」


『資本論』の翻訳は４５年１１月に開始し、作業を完了するのは５２年7月初めである。

４５年１２月に九州帝国大学法文学部に復職した。毎年後期のみ開講など、特別処遇だった。

実践活動では、４６年から４７年にかけて、山川を立役者とする民主人民連盟運動に加わり、山川の片腕として活動した。

４６年４月の民主人民連盟結成準備大会では、病気で出席できなかった山川の代理として共産党幹部野坂参三とともに副議長を務め、連盟主催の幣原内閣打倒人民集会では、やはり山川の代理として議長を務めた。

民主人民連盟は４６年7月に創立大会を開催したものの、民主人民戦線運動は社会党と共産党の参加を得られず、４７年5月解散した。

４７年４月の参議院選挙、衆議院選挙において、社会党が両院ともに比較第一党に躍進し、6月に片山哲を首班に社会党、民主党、国民協同党、緑風会の連立内閣が成立した。片山内閣下で社会党左右両派の対立抗争は激化した。年明けの2月、左派は政府補正予算案に反対し、左派のリーダーで党政調会長鈴木茂三郎が委員長の予算委員会は政府案撤回の動議を可決した。この内紛で片山内閣は総辞職した。

山川グループは、47年8月、平和的な民主主義を旗印に月刊誌『前進』を創刊した。編集委員代表山川、向坂であった。『前進』を媒体に旧労農グループの結集も進んだ。

同年12月に、山川、向坂は編集代表として学術誌季刊『唯物史観』(河出書房)を創刊し、「新興の社会科学のアカデミー」(「編集のことば」)を指向した。

向坂は46年から九大の若手研究者を集めて、また東大助手を中心に、それぞれ『資本論』研究会を組織した。48年秋からは三池労組活動家学習会、50年秋から九大学生・院生の研究会も始めた。

48年10月、山川グループは既成の社会党、共産党と異なる社会主義新党の創立に踏みだし、新党結成推進協議会を設立した。

49年1月の総選挙では、民主自由党(総裁吉田茂)が圧勝し、社会党は選挙前の111議席数が48に激減する惨敗を喫した。党の運動方針起草委員会において再建に向け、右派の森戸辰男案と左派の稲村順三案の間で、党の性格に関し国民政党対階級政党、社会主義革命路線をめぐり改良の積み上げ対政治権力の掌握など、論争が闘わされた。

山川グループは、右派主導の続く社会党には解散を求め、社会党左派との合同も選択肢にして、49年10月、新党結成準備会を社会主義労働者党準備会に改称した。

労動戦線では、産別会議でも総同盟でも民主化運動が進行し、全国労働組合会議準備会が発足して50年7月総評結成にいたる途上にあった。

だが、山川グループの期待に反して、産別民主化同盟の主流も総同盟を率いる高野実総主事も社会主義新党に反対した。鈴木派は社会党の更生、強化発展の道を進んだ。

国際情勢は、47年に米ソ両陣営は冷戦に突入し、アメリカは欧州経済協力機構(OEEC)を、ソ連はコミンフォルム（共産党・労働者党情報局）を設置し対抗しあった。同年10月には中国で共産党政権の中華人民共和国が誕生した。東西令戦の進展は、対日講和条約問題と日本の進路を大きく左右した。アメリカは日本を西側陣営の一員とする政治的軍事的協定締結の方向を定め、民主自由党吉田内閣は部分的講和、米軍駐留の方向を定めた。

50年の年頭、GHQマッカーサー元帥は、年内講和、日本再武装、集団安全保障を訓示した。

1月の社会党大会は、左派提出の運動方針案などを右派が激しく批判し、両派は撃突した。片山委員長不信任案が避けられなくなると、彼は退場し委員長立候補を辞退し、右派の代議員達は別の会場に移って大会をおこない、社会党は分裂した。ところが、社会党右派は左派との統一を提案し、分裂は75日で終わった。

社会主義労働者党準備会は、社会党分裂を歓迎し社会党左派との合同を決定し交渉に乗りだしたものの、社会党が統一すると新党樹立を目指す方針に再転した。一旦分裂した社会党の統一で、社会主義新党樹立の見通しは立たなかった。社会主義研究会や社会主義労働者党準備会に参加した労働組合幹部、活動家達は遠退いた。社会党右派は社会主義労働党準備会を敵視した。

そこに50年6月朝鮮戦争が勃発すると、社会主義労働者準備会の実務活動の中心を担っている小堀甚二は、準備会機関紙「労働者通信」において日本の中立、独立、民主主義のために限定的な常備軍を基幹とする民兵制度を提唱し、準備会内部の対立が表面化した。

社会主義労働党準備会は小堀の主張を斥けた。ただ、山川は小堀と日本の再軍備問題では対立したが、ソ連を社会主義に非ず、国家資本主義と捉えることで一致していた。

山川は『社会主義研究会会報』第一巻第三号「われわれの目標」（50年11月）で、ソ連に関して「既に社会主義が実現され、今は社会主義社会から共産主義への過渡期にあると主張されている。これは単なる錯覚で、ソ連に実現されているのは社会主義ではなくて国家資本主義である」(⑰-121)と論じた。

向坂は12月1日づけ社会主義労働者党準備会「通信No.17」において、「ソ連国家資本主義」説への異議を含めてソ連論、朝鮮戦争、再軍備問題で小堀、対馬を批判し、主として小堀との間で論争となった。向坂は全面講和、再軍備不要を唱え、ソ連は社会主義国と説いた。小堀はソ連の帝国主義的侵攻を想定して民兵制の導入を唱え、ソ連を国家資本主義として批判した。

山川と向坂は、ソ連は何かの所論の相違について私信を交わして調整した。内部の論争は熾烈になり、再軍備の是非とソ連「社会主義」への賛否とが交錯し絡み合って、準備会は中心メンバー間の対立で身動きがとれなくなった。

グループの分裂を食い止めることはできなかった。51年2月に社会主義労働党準備会は解散した。山川グループの独自の社会主義政党創立の試行は、失敗に終わった。

51年1月社会党第七回大会は、49年12月に定めた全面講和、中立、軍事基地反対の平和三原則に再軍備反対を加えた平和四原則を決定し、委員長に鈴木を選出した。結党以来の右派優位は左派優位に転じた。

山川らは、51年6月、「調査研究」を目的とする研究集団、思想団体として社会主義協会を設立した。同人制で山川均と大内兵衛が同人代表に就き、機関誌『社会主義』を発刊した。学者、知識人として向坂、有沢広巳(東大教授)、高橋正雄(九大教授)、岡崎次郎(九大教授)、大内力(東大社会科学研究所助教授)ら、社会党から江田三郎、和田博雄、勝間田清一、稲村順三、佐々木更三ら、労働組合指導者として武藤武夫(総評議長)、高野実(総評事務局長)、清水慎三(鉄鋼労連書記長)、太田薫(合化労連委員長)らが同人として名を連ねた。社会主義協会は、山川を指導者とし向坂、高橋正雄を両輪とした。

51年10月の社会党第八回臨時大会は、講和条約・安保条約をめぐり紛糾した。大会前の中央執行委員会は講和条約賛成、安保条約反対を僅差で承認したが、大会では代議員数で優位に立つ左派が両条約反対で巻き返し、中執案の撤回を図った。社会党は左派社会党と右派社会党に分裂した。

５２年１月、右派社会党大会は、民主社会主義の理念に立脚し、労働戦線における自由労連加盟、左右全体主義との対決を指向した。再軍備には反対だが間接侵略を防ぐための警察予備隊程度の治安力は認めた。同月の左派社会党大会は、全面講和の障害となる一切の条約の廃棄、階級的大衆政党を掲げた。

翌年１月、左派社会党大会は綱領制定を決定し、４月に綱領制定委員会を設置した。稲村隆三が綱領案を起草し、向坂は委員会顧問として稲村綱領案の作成に指導的にかかわった。綱領委員会の討議過程で、社会主義協会の有力な同人清水慎三は、対米従属から脱却する民族独立を重視する対案を提出した。綱領委員会は清水私案を退け､綱領案を決定した。向坂が強い影響を及ぼした「左社綱領」の内容については、前篇「山川イズム―日本におけるマルクス主義創生の苦闘」の「10、晩年の理論活動」のなかで取りあげ、その問題点を山川と向坂の理論的異同を含めて論じたので、ここでは割愛する。

５４年１月の左派社会党大会は綱領を採択した。

同年６月に左派社会党の党学校として労働大学が発足した。学長は党委員長鈴木茂三郎、顧問に山川と大内、向坂は学監であった。労働大学は、講座を開き、受講者は主に組合活動家であった。翌年左右社会党が合同すると党の外郭団体になった。

この間、両派社会党の国会議席は著しく増加した。５２年１０月総選挙では、左派社会党は１６から５４に、右派社会党は２９から５７に増大した。５３年４月総選挙では、左派社会党７２議席で１６増、右派社会党は６６議席で６増であった。５３年参議院選挙では、左派社会党は１８議席、右派社会党は１０議席を得た。

その背景の一つに、共産党の混迷、権威失墜があった。共産党は50年1月コミンフォルムによる占領下平和革命論に対する批判を受けて所感派と国際派に分裂した。そして、第五回全国協議会において51年綱領を採択、武装闘争路線に一転し、「山村工作隊」「中核自衛隊」などが派出所襲撃、火炎瓶闘争をおこなう極左冒険主義に走った。この暴走で大衆の支持を喪失し、52年10月の総選挙では国会議席ゼロになった。

総評の発展と社会主義協会との関係に目をむける。

GHQの意向と援助をうけて反共的色彩のナショナルセンターとして50年7月に結成の総評は、翌年3月の第二回大会で、講和をめぐって民同左右両派が対立し、平和四原則を決定し、国際自由労連加盟を否決するなど左旋回し、初代事務局長に高野実を選出した。52年7月の第三回大会は、左派社会党支持を決定し、高野事務局長を再選した。高野の下で総評は「ニワトリからアヒルへ」と呼ばれる左傾化を強め、労働戦線における主導権を形成した。

そのなかで、51年6月に民同左派のリーダー、全逓宝樹文彦、合化労連太田薫、国労岩井章らの労働者同志会が発足した。同年の国労第六回大会は、平和四原則をめぐり対立、国労民同は右派の新生民同と左派の労働者同志会に分裂した。労働者同志会は、全逓、日教組、合化労連などでも広がり、社会党左派、社会主義協会と手を結んだ。

53年7月の総評第四回大会において、高野はアメリカ戦争勢力に対しソ連・中国を平和勢力と見做す平和勢力論を唱え、第三勢力論の左派社会党指導部、総評幹部の太田、岩井らと対立した。高野は共産党に親近であり民族解放闘争を第一義的に重視する立場であった。

同年12月に、労働運動のリーダーとして活躍する社会主義協会創立メンバーの高野と清水が、協会から脱退した。

容共色の濃い高野派と反高野派の争いは、55年7月総評第七回大会の事務局長選挙で高野が岩井に敗れ、副議長に太田が選出されて、総評の指導権は太田―岩井ラインに移った。太田、岩井ともに社会主義協会員であった。高野は翌年に共産党に入党し、太田は58年には議長に就任する。

岩井事務局長は第六回全国協議会による共産党の戦術転換、労組内進出に対応してこれと積極的に競争する新方針を採った。

3　『経済学方法論』――理論的原点

向坂のマルクス主義理論がはっきりと固有の姿を現わすのは、『経済学方法論』（河出書房、1949～50年）である。本書は、三分冊・三篇から成り、第一分冊第一篇は「『資本論』への道」を論じ、第二分冊第二篇は「自然と社会」という表題で、弁証法的唯物論と経済学を取り扱い、第三分冊第三篇は「歴史的・論理的」という『資本論』の方法の中心問題を扱う。

爾後の向坂理論に通底する最も基本特徴をかたちづくる二つの論題を取りあげて検討する。

第一の論題は、「『資本論』への道」である。

「第一章「物神性」の発見」「第二章「史的唯物論」の成立―『ドイッチェ・イデオロギー』―」「第三章マルクス経済学のトルソー『哲学の貧困』及び『賃労働と資本』―」「第四章『共産党宣言』」の章立てから判明するように、初期マルクスの理論形成過程を概説する。

マルクスの諸著作についての解釈は通説に倣っていて平凡であり、史的唯物論を通俗説通り「科学的社会主義」と規定する。

なによりの特徴は、「階級及び階級闘争の理論」の力説である。初期マルクス理論の到達点の最終章『共産党宣言』の要約では、「空想的社会主義者は…階級と階級闘争を理解しなかった」（203頁）、「階級及び階級闘争の理論は…マルクスの社会主義を科学となしたものである…。したがって、この理論はマルクシズムの本質的なものであって、マルクスからこの理論を除去することは、マルクシズムを非科学とすることである」（207頁）。単純明快な解釈ではある。

論法としては、マルクス、エンゲルスはこう述べていると、彼らの諸著からの引用文を繋いだ解釈主義が際立つ。特にエンゲルスからの引用が随所にあり、なかでも『反デューリング論』を手引きにする。『反デューリング論』のエンゲルスは、マルクスの二つの偉大な発見、唯物史観ならびに剰余価値論による資本主義的生産の秘密の暴露によって社会主義は科学となったと説述し、マルクスの社会主義を「空想的社会主義」と異なる「科学的社会主義」と位置づけた。「科学的社会主義」は20世紀「正統」派マルクス主義の社会主義論の大命題として罷り通った。

向坂も「科学的社会主義」を疑問の余地ない大前提として、初期マルクスの史的唯物論の形成を論説する。

エンゲルスによる史的唯物論を「人間の歴史の発展法則」（⑲－３３１）とする規定も第二分冊で引用（１２６頁）し、第三分冊では「歴史的発展の一般法則（史的唯物論）」（３６頁）と記す。向坂において史的唯物論は「科学」であり「歴史的発展の一般法則」である。

しかしながら、レーニンの言説、「『資本論』が出現してからは…唯物史観はもう仮説ではなくて、科学的に証明済みの命題である」（『「人民の友」とはなにか』、①－１３５）のように、仮説である唯物史観は資本主義社会の土台をなす経済構造の法則性を究明した『資本論』の創造によって科学性を帯びるにいたったのである。『共産党宣言』の当時予想できなかった１８５０年代からの資本主義の本格的な発展に直面して、マルクスは『経済学批判』（１８５９年）「序言」において唯物史観を練り直し、経済学批判の長年にわたる膨大な研究の学問的成果として『資本論』を創造した。マルクス的社会主義論の科学性は、資本主義の経済的運動法則を解明した『資本論』を論拠にして主張できるのである。

しかるに、向坂は初期マルクスの史的唯物論、その一環である「階級及び階級闘争の理論は…マルクスの社会主義を科学となした」と説明する。マルクス理論の基本的問題構制の曲説である。

マルクス理論は「階級及び階級闘争の理論」の面を有する。されど、５０年代末に再定式の唯物史観の命題に照らすまでもなく、『共産党宣言』や『フランスにおける階級闘争』には階級闘争史観的な偏りが所在する。こうしたことも向坂の論議のまったくの埒外である。

第二の論題は、「歴史的・論理的」という『資本論』の方法に関する。

『資本論』の冒頭の商品に関し、資本主義社会の富の原基形態としての商品と歴史的な単純商品の関係をめぐる論争的議論が交わされてきた。この問題についての向坂の見解は独特である。

「『資本論』冒頭の商品は『資本主義的生産の最も単純な要素としての商品』であって、その意味ではいわば抽象的である。しかし、それは現実に歴史的に資本主義社会成立の前提をなした。この意味では『資本論』冒頭の商品は、また歴史的なのである。それは現実に歴史的に資本の成立以前に存在した。…それは、現実に存した単純な商品から出発して、これを含み発展させた。それ故に、単純なる商品に現われる社会発展の根本既定の「現象様式」を認識することなくしては、ヨリ発展せる商品形態におけるその「現象様式」を理解することは出来ない」（３４頁）。

この回りくどい解釈の根拠とされているのが、「歴史的・論理的」と称される方法である。

向坂はマルクス『経済学批判要綱』「序説」における経済学の方法に従い、『資本論』冒頭の商品をひとまず「資本主義的生産の最も単純な要素としての商品」と解する。その説明を、マルクスからの引用部には傍線を付して示す。

科学的思惟では、「論理的方法の場合でも、その主体が、その社会が、前提として、絶えず観念に対して浮かんでいなければならない」（５０頁）。そして、複雑なものの下向的分析に基づいた単純なものからの上向的綜合に関して、「『単純なるものから複雑なるもの』への方法は、このような映像をつくり上げる人間の抽象力の操作で有るに外ならない。これのみが「科学的に正当な方法である」」（４９〜５０頁）。従ってまた、「経済的範疇をば、歴史的にそれが規定的であった順序に従って順次に扱うことは、できがたくもあり、まちがってもいる。…問題になるのは、経済的諸関係が種々なる社会形態の序列において歴史的に占めた地位ではない。…近代ブルジョア社会の内部における、経済的諸関係の構造なのだ」（６１〜６２頁）。

ところが、エンゲルスは書評「カール・マルクス『経済学批判』」のなかで、マルクス経済学の方法について次のように解説した。向坂の訳文を引くと、「かくて論理的の取扱方のみが相応しいものとなった、しかして、この取扱方は実際においては歴史的のそれに外ならない。ただ、歴史的形式と攪乱的偶然性とがは

ぎ取られているにすぎない。この歴史の始まるところに、同じく思惟の進展は始まらなければならない」（170頁）

「歴史的・論理的」はこのエンゲルスの言説に拠ったものであり、向坂はこれを『資本論』の基本的方法として受容する。

かてて加えて、後年のエンゲルスは『資本論』第三巻に付した「序文」で、「マルクスは第一部の冒頭では、すなわち彼が彼の歴史的前提としての単純な商品生産から出発して…」（㉕Ⅲ－19）と、『資本論』冒頭商品に関する歴史上の単純商品説を述べる。

向坂『マルクス経済学の基本問題』（岩波書店、1962年）所収の「単純なる商品について」も、「単純なる商品生産も資本主義的商品生産も、ともに商品生産として、…一般に商品生産の共通の法則をもっていなければならぬ。この共通のものは価値法則である」（294頁）と捉え、冒頭商品を「歴史上現実に存した単純な商品から出発して、これを含みながらヨリ高い段階に発展した商品」（296頁）と解釈する。「『資本論』における方法は、かくて、論理的であり、且つ歴史的である外ないのである。エンゲルスはこう言っている。「この方法においては。論理的展開が、決して純粋に抽象的なる領域にとどまるを強いられないことを知るのである。反対にこの方法は、歴史的説明を、即ち、現実との不断の接触を必要とする。…」と（170頁）。

経済学の方法についてマルクスとエンゲルスには相異がある。向坂はその相異を了知しつつ、エンゲルスの方法をマルクスの方法をも包みこんだ発展として受けとり、それに拠って立つわけである。

しかし、エンゲルスの「歴史的・論理的」方法は、マルクスの『経済学批判要綱』「序説」に示され『資本論』に貫かれている経済学の方法とは似て非なるものであり、マルクスの学問的方法の無理解であった。拙著『マルクス、エンゲルスの国家論』（現代思潮社、1978年）「第七章　後期エンゲルスの国家論」でのエンゲルスの方法に対する批判の要点を再説する。

マルクスにおいては、「ブルジョア社会は、最も発達した、また最も多様な、生産の歴史的組織である。だから、その諸関係を表現する諸範疇は、その仕組みの理解は、同時に、没落し去ったすべての社会形態の仕組みと生産関係への洞察を可能にする」（『経済学批判要綱』、大月書店、1958-65年、27頁）。ブルジョア社会を現実的対象として、その具体的で複雑なものから出発して最も抽象的、単純なものを析出し、そこから折り返して再び具体的、複雑なものを再規定する。この下向的分析と上向的綜合からなる認識＝思惟過程において、後者の方が「科学的に正しい方法」（22頁）である。『経済学的範疇を、歴史的にそれらが規定的であったその順序で並べるということは、実行できない事であり、また誤りであろう」（29頁）。

しかるに、エンゲルスにあっては、①直接的所与をなす近代ブルジョア社会を変革するために理論的に解明せんとする実践的な場所的立場が不明確である。②歴史的に最も豊かな発達を遂げた社会の客観的な編成構造との関係で理論的抽象を進めるという唯物論的見地を欠いている。③下向・上向の方法を「歴史的・論理的」方法に摩り替えている。④唯物史観としての歴史的見方と経済学の方法とを混同している。

向坂『マルクス経済学の方法』（岩波書店、1959年）は、『経済学方法論』…三巻〈三分冊〉の考え方を要約したもの」（xii頁）と述べているごとく、『経済学方法論』を洗練して手際よくまとめている。『マルクス経済学の基本問題』（岩波書店、1962年）も、「第一篇『資本論』への過程」は『経済学方法論』の「『資本論』への道」を補強、整序した再論であり、「第三篇『資本論』の展開」の「I　単純なる商品について」は、『経済学方法論』第三分冊の論旨の再説である。

このように、『経済学方法論』は向坂マルクス主義理論の原典の位置を占めており、生涯を通しての最も代表的な理論的著作と言える。

向坂は、「エンゲルス生誕150周年を回想して」（「社会主義」第46号、1971年1月）のなかで、「唯物論の理解に困難を極めていた時、エンゲルスの『フォイエルバッハ論』とレーニンの『唯物論と経験批判論』…この二冊の本はどんな哲学書にもまさって私の心をとらえた。そしてどうやら唯物論というものをからだで感じた。…私の探求の道で、一つの高い山は、エンゲルスの『反デユーリング論』」（『わが資本論』、新潮社、1972年、207～8頁）と述懐する。

代表昨『経済学方法論』に留まらない。向坂のマルクス主義理論は、後掲の社会主義革命論や社会主義社会論でも明らかなように、マルクスの論述を後年のエンゲルスの言述に依拠して解説する、またエンゲルスの言述をレーニンに従って解釈する。向坂はエンゲルス流のマルクス主義者であり、マルクス主義者というよりエンゲルス主義者と特徴づけることができよう。

4 「資本主義的蓄積の一般的法則」——窮乏化論

向坂の『資本論』研究において、窮乏化論は最も重要視した論目に属する。『マルクス経済学の基本問題』「Ⅲ 「資本主義的蓄積の一般的法則」——いわゆる窮乏化論について」を検討する。

マルクスは資本主義的生産に内在する法則的傾向として資本の蓄積とそれに対応する労働者の貧困や奴隷状態の蓄積を描きだした。『資本論』第一巻「第七篇 資本の蓄積過程」「第二四章 いわゆる根源的蓄積」の「第七節 資本主義的蓄積の歴史的傾向」を終える段では、次のように論じた。「この転形過程のあらゆる利益を横領し、独占する大資本家の数の不断の減少とともに、窮乏、抑圧、隷従、堕落、搾取の度が増大するのであるが、また、たえず膨張しつつ、資本主義的生産過程そのものの機構によって訓練され、結集され、組織される労働者階級の反抗も増大する。資本独占は、それとともに、かつその下で、開花した生産様式の桎梏となる。外皮は爆破される。資本主義的私有の最後を告げる鐘が鳴る。収奪者が収奪される」（㉓－995）。多くの論争を呼び、研究上の争点となってきた周知の行である。

向坂は解説する。資本主義の発展とともに「窮乏、抑圧、隷従、堕落、搾取」の度が増大するという法則は、厳しい必然性をもって行なわれている。したがってまた「資本主義的生産過程そのものの機構によって訓練され、結集され、組織される労働者階級の反抗も増大する」（360頁）。「窮乏、抑圧、隷従、堕落、搾取の度の増大」の反面作用は、「労働者階級の反抗〔の〕増大」に他ならない。

この「窮乏化作用の弁証法」（355頁）をめぐって、向坂は労働者階級の「反抗」をとりわけ強調する。「「反抗」の度合いは資本家階級と労働者階級の「訓練され、結集され、組織される」力の関係が決定する。だから、窮乏化作用に対してどれほど大きな堤防を築くか、生存の不安定性をどの程度に止めるかは、反抗力の成長にかかっている」（361頁）。窮乏化論の本質的な点は、資本主義的蓄積の産みだす労働者の窮乏化は、資本主義そのものに反逆する力をもたらすことにある。「マルクスは、…窮乏化作用の中に、ただ、労働者階級の消極的な貧乏を見ただけではない。その窮乏が、新しい社会をつくる槓桿としてもつ意味を認識したのである。このことがなかったとしたら、『資本論』の人類史的意義は失われる」（355頁）。

向坂は『資本論』をも優れて「階級及び階級闘争」の観点から読み解く。「窮乏化作用の弁証法」はその焦点である。「資本主義社会における社会発展の必然性が、「窮乏」の中に求められるということは、マルクスの思想の中核をなすものである」（346頁）。

向坂編『マルクスの批判と反批判』（新潮社、1958年）の「第三篇『資本論』の諸問題」の「「窮乏化理論」をどう理解するか」論文でも、「資本主義的蓄積の一般的法則…が作用するということは絶対的である」（144頁）。向坂が説いているのは、法則的な窮乏化作用の絶対性である。いわゆる絶対的窮乏化ではない。

20世紀現代において「窮乏化作用」はどうなっているか。この問題に関しても「窮乏化作用」のそのままの貫徹を強調する。「資本主義的蓄積の一般的法則」の形態変化、帝国主義段階における独占資本主義化の特徴的性格として、貧富の格差の巨大化のなかでの社会保障制の定着、福祉国家の形成など、いわゆる修正資本主義化の解明に関心は寄せない。

後述の「社会主義協会テーゼ」は福祉国家を幻想として批判する。「用語解説」の「福祉国家」の項は、こうである。「国家独占資本主義における国家の階級的正体をおおいかくすための独占資本主義の思想攻撃の一つ。混合＝二重経済論に対応する国家論。資本主義そのままでも社会保障制度や「完全雇用制度」の積み上げによって「ゆりかごから墓場まで」国民の生活を安定させることを看板にしているが、むろん、これは幻想でしかない」（『社会主義協会テーゼ』、社会主義協会、１９７１年、３１８頁）。

5　社会主義革命論

社会主義革命について、向坂は多くの著書での小論的な説述を重ねている。比較的にまとまっているのは、次の論攷である。

「歴史的法則について―社会革命の展望」（『世界文化』、１９４６年９月号）
「帝国主義とプロレタリアート独裁」（『唯物史観』第９号、１９７０年）
「必然と自由―マルクスのゴータ綱領批判―」（『唯物史観』第１６号、１９７６年４月）

「ブルジョア国家権力の平和的移行の問題」（『大系国家独占資本主義　⑧　現代史と社会主義革命』、河出書房新社、１９７１年）。

共通する主題は、階級闘争とプロレタリアート独裁である。ここでは、プロレタリアート独裁論を中心に検討する。

向坂はマルクス、レーニンのプロレタリアート独裁に関するよく知られた諸命題を引用し解説を加えることで所論を組み立てる。その基本線を示す。

まずは、１８４８年革命期のマルクスのワイデマイヤ宛手紙である。マルクスは、諸階級の存在や階級闘争の展開を明らかにしたギゾー、ミニエ、ティエリなどフランスの歴史家達の事績を踏まえ、２月革命において同盟関係を結んだブランキ（派）が共産主義の急進的な独自性を表す旗幟としている独裁思想と交差させながら、プロレタリアート独裁を唱えた。「ぼくが新たになしたことは、一、階級の存在は生産の特定の歴史的発展段階に結ばれているにすぎないこと、二、階級は必然的にプロレタリア階級の独裁へ導くこと、三、この独裁それ自身はいっさいの階級の廃止への階級のない社会への過程をなすにすぎないことを証明したことである」（㉘－４０７。『新・私の社会主義』、至誠堂新書、１９７５年、９５頁。『マルクスと現代』、大和書房、１９７９年、８１頁。『大系国家独占資本主義　⑧』、２１７頁）。

この４８年革命時のプロレタリアート独裁論を、マルクス『ゴータ綱領批判』の命題に繋ぐ。ドイツの社会主義運動では、１８７５年にラサール派全ドイツ労働者協会とマルクス寄りのアイゼナハ派社会民主労働党が合同して社会主義労働者党を結成し、「ゴータ綱領」を定めた。この綱領に対する評注のなかで、マルクスは「資本主義社会と共産主義社会の間には、前者の後者への革命的変革の過程が横たわる。それにはまた政治上の一過渡期が対応するが、この時期の国家は、プロレタリア階級の革命的独裁以外の何物でもない」

（⑲－27。『新・私の社会主義』、93〜4頁。『マルクスと現代』、79頁）と論じた。

更に、レーニン『国家と革命』における「国家の本質」を独裁と規定した行に拠る。「マルクスの国家学説の本質は、一階級の独裁が、あらゆる階級社会一般にだけ必要なのではなく、またブルジョアジーをうちたおしたプロレタリアートにだけ必要なのではなく、更に、資本主義と〝無階級社会〟、共産主義とをへだてる歴史的時期全体にも、必要なことを理解した人によってだけ、会得された。ブルジョア国家の形態は多種多様であるが、その本質は一つである。これらの国家はみな、形態はどうあろうとも、結局のところ、かならずブルジョアジーの独裁なのである。資本主義から共産主義への移行は、もちろん、きわめて多数の多種多様な政治形態をもたらさざるをえないが、しかしその際、本質は不可避的にただ一つ、プロレタリアートの独裁であろう」（㉕－445。『マルクスと現代』、113頁。『新・私の社会主義』では後半部のみ、94頁）。

向坂はマルクス、レーニンの所論を解釈的に敷衍してプロレタリアート独裁の必然性と正当性を説く。「独裁の思想は、マルクシズムが階級と階級闘争の理論をとるかぎり、その本質的内容をなさざるをえないものである。マルクスのいわゆる無産階級の革命的独裁とは、政権を掌握した無産階級が、なお一定の程度に残存している国内的国際的の旧支配階級とそのイデオロギーに対する階級闘争の一形態であるからである」（『マルクス経済学の基本問題』、153〜4頁）。「闘争は、一定段階において…社会革命の段階に入る。…無産階級は独裁を樹立する。…独裁はなんらかの程度における旧支配階級の抑圧として現れる。これにより旧支配階級の社会主義建設を妨害せんとする試みを破砕する。旧支配階級の再起運動を抑制する」（『新・私の社会主義』、102頁）。

向坂の説論は、しかしながら、文献考証的に甚だ杜撰であり、曲説に満ちている。

第一点。向坂はマルクス、エンゲルスのプロレタリアート独裁論の不変性を説く。「この思想は、マルクス、エンゲルスの一生を通じて変わらなかったもののように考えられる」（同、95頁）。これは、事実無根の主張である。

48年革命の時期、青年マルクス、エンゲルスの率いる共産主義者同盟は、少数前衛部隊の決起を導火線にして国家権力を暴力的に奪取しプロレタリアート独裁権力を樹立するとともに主要な生産手段を国家所有化する革命路線に立っていた。『フランスにおける階級闘争』やヴァイデマイヤへの手紙において立言したプロレタリアート独裁は、ジャコバン主義、ブランキズムなどとの共通性を有した。

だが、1850~60年代の資本主義経済は産業革命の成果を実らせて新たな発展段階を画し、政治的には（成年男子）普通選挙制を導入し民主主義段階へ進展しつつあった。この歴史的変動に対応して、マルクスのプロレタリアート独裁論の変化も顕著であった。

後期マルクスは、イギリスやオランダ、アメリカ合衆国などでは、民主主義的諸勢力を結集した国民的多数派が平和的に革命的変革を遂行する、プロレタリアート独裁は不要の革命の見通しを表明した。

1871年にパリ・コミューン革命が起きると、マルクスは国際労働者協会総評議会に委託されて執筆した『フランスの内乱』において、プロレタリア革命後の徹底して民主主義的な国家像を描きだし、コミューン型国家を論示した。コミューンが危局に瀕してジャコバン派やブランキ派の多数勢力が公安委員会を設立し独裁にうってでると、国際労働者協会派など少数勢力は過去を繰り返すのではなく未来を創造すべきだとして反対した。『フランスの内乱』はプロレタリアート独裁を退け、「階級闘争が、その様々な局面を最も合理的、人道的なしかたで経過すること」（⑰－517）を指向した。マルクス、国際労働者協会が追求したのは、イギリス、フランスなどにおいて進捗するブルジョア民主主義を超出する、より高次の民主主義の創出であった。

　他方、政治的には絶対主義が久しく滞留し後れて発展したドイツでは、様相が異なった。鉄血宰相ビスマルクは、上からのブルジョア革命を達成して築いたドイツ帝国で社会民主主義政党に対する弾圧の一方、社会政策の早期導入による労働者階級の国民的統合を策した。民主主義は発育不良であり、ビスマルク政権に靡くラサール派の改良主義批判の意味を込め、マルクスは『ゴータ綱領批判』のなかで、共産主義社会への革命的転化の時期の「政治上の過渡期」に関し「プロレタリア階級の革命的独裁」の不可欠性を規定した。

　後期のマルクスは、それぞれの国における革命方式は多様であり、当該国の諸々の事情に基づいて具体的路線を定める見地に立った。イギリスとフランスとドイツでは、殊に民主主義の発展度は差異し、支配階級の反撃や妨害運動の強さも違い、革命後の過渡期における階級闘争の形態は異なった。従って、プロレタリアート独裁の必要性も相異した。

　第二点。向坂によるレーニンのプロレタリアート独裁論の一面的なご都合主義な誤釈として、二つの基本的な論題を取りあげる。

　その一は、独裁概念についてである。

　厳酷な圧制をもって鳴るツァーリズム・ロシアの地にあってツアーの専制支配と闘うロシア社会民主労働党は、第二インターにあってプロレタリアート独裁を掲げた唯一つの政党であった。

　レーニンは独裁について、機会あるごとに規定した。「無制限の、法律外の、もっとも直接的な意味での力に支えられた権力、これこそ独裁である」（⑩－２３３）、「独裁（すなわち、法律に基礎をおかず、武装した住民の暴力に基礎をおく権力）」（㉔－４３）、等々。独裁が法律に拘束されないのはその通りである。だが、革命の道義、目的に拘束される。別言すると、独裁も国家と同様に暴力的契機とイデオロギー的契機を併せ持つ。レーニンの概念規定は、独裁の規範的契機を捨象し、プロレタリアート独裁の道徳的、政治的規範との適合関係を見失った欠陥を内有している。

　レーニンはまた、１７年１０月革命後のソ連社会＝国家が危局に陥るなか、プロレタリアート独裁の現況に対するカウツキーの批判に弁駁して、『国家と革命』の第二版（１９１９年）で、あらゆる国家の本質は独裁であり、プロレタリア革命後の国家に関しても形態は多種多様であれ本質はプロレタリアートの独裁だと規定し、これを承認するかどうかをマルクス主義者であるか否かの試金石とした。

　近代史における独裁の概念は、ルソー『社会契約論』の独裁制論を嚆矢にして、フランス大革命渦中のジャコバン独裁の経験に基づき、非常時に際しての臨時性、特定機関への全権力の集中、憲法の停止を特徴的標識にしてきた。マルクスもそうした独裁観念を受け継ぎながら１８４８年の諸革命においてプロレタリア革命論に転用し、プロレタリアート独裁を立言した。

　ところが、レーニンは革命ロシアが存亡の危機に瀕すると、非常時の国家権力の臨時的な特質を示す独裁概念を、すべての国家権力に常在する本質に改定したのだった。新たな定義、国家の本質としての独裁概念は、独裁の本義から逸脱した過剰拡張であった。

　ともあれ、レーニンは独裁について、一方でいかなる法律、いかなる規範によっても制限されない、直接に暴力に依拠する権力、他方であらゆる国家の本質という二通りの概念を示したのだった。

　向坂の解釈論議は、レーニンの独裁論の問題性を全く認識できていない。そのうえで、レーニンの所論を一面化し、二通りの独裁概念の一方のみに立脚し、他方は無視する。そうすることで、独裁の固有の特質を抹消すると同時に、独裁を国家権力の掌握・行使、政治的階級支配と同義に改変して、独裁をありとあらゆる国家に必然的なものとする。レーニンのプロレタリアート独裁論の全く一面的な、別義改釈である。日本共産党は1973年にプロレタリアート独裁に関して独裁を執権に訳語変更し、結党以来最重要スローガンとして訴えてきたプロレタリアート独裁を放棄する。向坂はある種の先覚者と見做せる。

こうして、向坂は上述来の解釈論的諸過誤の集積として、レーニン独裁論の固有の本来的意味を抹消し変更し、あらゆるプロレタリア革命における疑いのない当然の道として、プロレタリアート独裁を正当化する。そして、革命ロシアにおける世界史上初めのプロレタリアート独裁を讃えることはあっても、その暗黒面に触れることは全然ない。10月革命後のプロレタリアート独裁の苛烈な実態を遮蔽する。

その二は、プロレタリアート独裁と民主主義についてである。

向坂は説述する。「新らたなる支配階級は、旧支配階級が旧社会の少数者であったのと反対に、新社会の圧倒的多数者である。無産階級の独裁は旧支配階級に対する「強力支配」であって、旧支配階級の権利を制限するが、新らたなる支配階級となった勤労大衆に対して、政治的経済的に不平等を撤去することを原則的に承認せるものである。この意味では、独裁は実質的に旧社会におけるよりヨリ広範な民主主義の支配形態であるということができる。なぜかというに、旧社会においては、全社会成員に対して形式上広範なる民主主義が承認されているが、経済上実質的には奪い取られているからである。(『新・私の社会主義』、94頁)。「もっとも広範な民主主義すら、それがブルジョア社会の民主主義に関するかぎり、ブルジョア独裁である。すなわちブルジョア民主主議はブルジョア独裁であり、プロレタリア独裁はプロレタリア民主主義である」(『私の社会主義』、至誠堂、1961年、70頁)。

これは、レーニンのプロレタリアート独裁=民主主義論の言換えである。

レーニンの説くところでは、プロレタリアート独裁は少数の旧支配階級に対して暴力的に抑圧し民主主義から排除するが、反面、圧倒的多数の人民大衆は民主主義を享受する。『国家と革命』では、「プロレタリアートの独裁は、民主主義を大幅に拡大し、この民主主義は…貧者のための民主主義、人民のための民主主義になるが、これと同時に、抑圧者、搾取者、資本家に対して一連の自由の除外例をもうける。…人民の多数者のための民主主義と搾取者、人民の抑圧者の暴力的抑圧、すなわち民主主義からの排除――これが、資本主義から共産主義に移行する際民主主義のこうむる形態変化である」(㉕－499~500)。

レーニンがブルジョア民主主義の金権主義性、形式主義性、寡頭支配性を暴き、富者のための民主主義、とるにたらぬ少数者のための民主主義の欠陥を批判するのは適切である。しかし、レーニンの全般的な説論はブルジョア民主主義の無理解ないし誤解に基づいて成り立っている。

近代ブルジョア民主主義は、支配身分の内部に限定されていた前近代民主主義と異なり、被支配階級にも権利を認め、被支配階級をも国民として包摂する。経済的、政治的に発達を遂げたブルジョア階級は、独裁によりプロレタリア階級を敵として除外するのではなく、民主主義により体制内に統合する。民主主義自体が対立する諸階級が闘争しあうとともに政治的階級支配が貫かれる磁場となる。

ところが、ツァーリズム専制の伝統がなお支配的で民主主議に縁遠いロシアの地にあって社会主義を目指して闘うレーニンは、ブルジョア民主主議の歴史的特質の否定面の批判に終始した。近代ブルジョア民主主義は異質な諸階級、諸集団の営為であることによって多元性、寛容性や政治・国家権力濫用の防止策を備える。その歴史的肯定面を、レーニンは掴み取り摂取することができなかった。また、国家の本質とする独裁に対し民主主義を国家の形態と規定して、独裁の民主主義への優位を説いた。

レーニンのプロレタリア民主主義論は、彼の起草で18年1月の第三回全ロシア労・兵ソヴェト大会において採択され、ソヴェト共和国憲法に組み入れられ、社会主義建設に向かっての道標となる「勤労被搾取人民の権利宣言」に集約的に表示されている。この「権利宣言」の謳う「勤労被搾取」者の権利は、個々人の権利ではなく集団としての「人民」の権利であり、「人民」全体とは利益、思想・行動を異にする個人、グループの権利は制限し剥奪する。国家と権利の関係については、前国家的権利や対国家的権利は認めず排撃し、国家が権利に優位する。

こうした根本的な難点、欠陥を内包するレーニン主義のプロレタリア民主主義は、ブルジョア民主主義を発展的に高次化する豊かさを備えているどころか、ブルジョア民主主義より反って偏狭であった。

マルクス、エンゲルスの民主主義論も、古典経済学批判を通して『資本論』に集大成された経済学の秀抜な功績とは対蹠的であり、古典政治学批判に取り組むことは無く、ベンサム『憲法典』の議会制民主主義論やJ・S・ミル『自由論』と対質すれば明らかなように、理論的な弱点を形づくっていた。

レーニン主義主導の20世紀マルクス主義の民主主義論や国家論は、創始者達以来のいわば貧寒な伝統を背負っていて、その低水準、歪みは、ソ連「社会主義」建設の難航、閉塞、果ては瓦解の遠因の一つを構成していた。

6　社会主義社会論

向坂はソ連をマルクス、エンゲルス、レーニンの「科学的社会主義」を体現する社会主義社会として評価する。

その場合、「プロレタリア階級の独裁の社会とは、社会主義社会のことである。…社会主義社会はプロレタリア階級の独裁以外にはない」（「ブルジョア国家権力の平和的移行」、『大系国家独占資本主義　⑧』、225頁）。プロレタリアート独裁をおこない社会主義を目指す建設を進める過渡期社会と建設を終えて到達する社会主義社会の区別を抹消し、双方の社会を等置する。マルクス主義の原則を放擲した乱暴な説である。

プロレタリア革命を実現し社会主義へと向かって進む過渡期社会と社会主義社会との区別は、山川『社会主義への道』の一例では、「労働階級が国家権力を握り、この国家権力を行使して社会主義経済を建設し、資本主義的な秩序が十分に社会主義的な秩序で置きかえられた時、社会主義社会ははじめて実現するのであるが、それには、そうとう長い年月がかかる」（⑳－28）。

マルクス、エンゲルスは、初期の代表作『ドイツ・イデオロギー』において、世界史的な生産諸力の巨大な発展ならびに国籍の相異にもかかわらず同一の利害を有するプロレタリアートの現存を条件として、世界革命の遂行による共産主義世界を構想した。「局地的共産主義」（③－31）の不可能も明言した。マルクスは後期の『ゴータ綱領批判』において、共産主義への過渡期社会と共産主義社会（その第一段階と高度の段階）を区分し、それぞれの時期の経済的、政治的標識について論考した。共産主義の「第一段階」は、社会主義社会の別称がレーニン以降定着し、現在では共産主義の第一段階を社会主義社会、高度の段階を共産主義社会とする通称が一般的になっている。

レーニンにおいても、ロシア一国での社会主義建設の達成は不可能であった。「一国における社会主義革命の完全な勝利は不可能であり、そのためには少なくとも、幾つかの先進国の積極的な協力が必要である。そしてわがロシアをこの先進国の一つに数えることはできないのである」（㉘－115）。レーニンは『国家と革命』では国家の本質を独裁と規定しプロレタリアート独裁を社会主義への過渡期に一般化し恒常化する誤りを犯したとはいえ、社会主義への過渡期と社会主義社会の区別はしっかりと保っていた。彼によると、10月革命後のロシアの国名「ロシア社会主義ソヴェト共和国」の「社会主義」は社会主義を志向する決意表示であったし、革命ロシアの実情は、経済的には国家資本主義の社会主義への進展を課題にしており（㉗－338）、政治的には「官僚主義的に歪んでいる労働者国家」（㉜－9）であった。

スターリンも、1920年代後半にソ連共産党の主導権を確立するまでは社会主義への過渡としてのプロレタリアート独裁期と社会主義社会の区別を明言していた。「社会主義とはなにか。社会主義とは、プロレタリアート独裁から国家のない社会へうつることである」（「問と答」、⑦－169。他に⑧－48、⑩－95）。

ところが、24年12月に「十月革命とロシア共産主義者の戦術」において、一国での社会主義建設は不可能とするトロツキーの永続革命論を攻撃し、一国社会主義建設可能を示唆した。そして、レーニンの後継を争う闘争に勝利して共産党の主導権を掌握し、20年代末から「上からの革命」を断行して、36年に社会主義建設の基本的完了を宣言した。

５０年代前半までのスターリン時代に構築されたのは、共産党独裁国家が大量粛清、労働の強制動員、収容所群島などを内包して社会を統括する体制であった。社会主義社会到達の公式見解は、体制の暗部を押し隠し、スターリンを頂点にする党＝国家官僚集団が牛耳る極度の国家主義体制を美化するオフィシャル・レトリックであった。

それとともに、「労働者階級の独裁の国家とは、社会主義国家である」（ソ同盟科学アカデミー法研究所、藤田勇訳、『国家と法の理論』、巌松堂書店、１９５４年、下巻、１８頁）。プロレタリアート独裁期と社会主義社会を区別せず、プロリアート独裁国家を「社会主義国家」とする定式が公式論となった。

６０年代から７０年代にかけては、ソ連が自国の体制を「発達した社会主義」として虚飾する公式見解をめぐって、中国、北朝鮮、ユーゴスラヴィアなどを交え、資本主義から社会主義への過渡期をめぐる論争が交わされた。

前述のように、向坂はプロレタリアート独裁社会と社会主義社会を等置する。「社会主義国家」の存立も説く。「社会主義の国家においても、いやしくも国家が存在し、国家権力の行使のあるかぎり、階級的抑圧はある」（「歴史的法則について」、『世界文化』１９４６年９月号。『歴史的法則と現実』、風樹書院、１９４７年、１２７頁）。階級分裂や国家の消滅を社会主義社会の標識とするマルクス、エンゲルスはもとより、レーニンとも別異のスターリン主義理論の踏襲であり、ソ連の公定論の鸚鵡返しである。

一党独裁についても、向坂は弁護する。「プロレタリア独裁が、一党独裁とならなければならぬ理由はない。…ドイツ民主共和国（東ドイツ）では、むろんプロレタリア独裁であるが、政党は複数である。多くの社会主義国では同じプロレタリア独裁でも。複数の政党が許されている」（「日本社会党の前進のために」、『新・

私の社会主義』、282頁)。これは遁辞である。

コミンテルンは1920年第二回大会において、世界党として各国での単一共産党、一国一革命党を定めた。コミンテルン規約第3条は、「共産主義インタナショナルに所属するすべての党は、某某国共産党（共産主義インタナショナル支部）と称する」(「共産主義インタナショナル規約」、『コミンテルン資料集』、第1巻、221頁）と規定した。日本共産党の歴史を調べても、一国一革命党論が党をどれほど縛りあげてきたか、例示に事欠かない。向坂の言う東ドイツなどでは、一国一革命党の原則の下で衛星政党の存立も許容され、形だけの複数政党が認められているにすぎない。

経済構造に論を進めると、向坂は「社会主義社会は、生産手段を国有及び公有にして、その上に経済機構を原則として、国営及び公営にする。このようにしなければ、社会経済の計画的な運営は不可能であるからである」(「現代国家の性格について」、『資本論と現代』、法政大学出版局、1970年、255頁)。

エンゲルス、レーニンが唱えたプロレタリア革命後の主要な生産手段の国家所有化は、「まずはじめには」とあったように、社会主義への過渡期の初期的段階の措置にすぎなかった。しかし、彼らは国家所有の社会的所有への発展転化の過程について述べることはなかった。爾来、国家所有化した生産手段をどのようにして社会的所有へ方向転換するか、不明にされたままである。

スターリン主義では、国家所有をもって社会主義的所有とし、国家所有、国家経営、国家計画の国家（主導）主義的統制経済の社会主義経済へのすりかえが公定となった。「国家的所有は社会主義的所有の最高の形態であり、生産の国家的形態は社会主義的生産の最高の形態である」（ソ同盟科学院経済学研究所『経済学教科書』、合同出版社、1955年、第三分冊、683頁)。

向坂はスターリン（主義）のソ連の公式論どおりに、プロレタリアート独裁、一党支配、主要生産手段の国家所有などを基柱にする社会を社会主義社会にすりかえる。そうすることで、ソ連を社会主義社会として是認し称揚する。スターリン主義化した20世紀マルクス主義の通俗説を復唱する似非社会主義社会論の展示である。

加えて、向坂は言う。「今日、社会主義の世界体制は、全世界面積の四分の一を蔽うている。その生産力、その経済生活の発展は、間もなく帝国主義諸国の最高水準をこえるであろう」（「国家権力の平和的移行について」、『新・私の社会主義』、121頁）。ソ連の地政学的な勢力圏拡大を、マルクス、エンゲルス、レーニンの社会主義構想の世界的規模への拡張と見做し社会主義体制の世界的な躍進と評価する。

また、ソ連を筆頭とする「社会主義」諸国を、帝国主義的戦争勢力に対抗する平和勢力と讃える。「アメリカや西ドイツには、依然として戦争狂人がいる。日本にもいる。これらの手を押さえているのは、ソ連邦を中心とした社会主義国であり、帝国主義諸国における労働者階級を中心とした平和的な諸勢力である」（『新・私の社会主義』、273～4頁）。

向坂による手放しのソ連礼賛は、ソ連マルクス主義、ソ連「社会主義」に追従的あるいは親和的な日本のマルクス主義陣営のなかにあっても際立っている。

「マルクス・エンゲルスは、「社会主義社会」を、パリ・コミューンの短い生涯の中から拾い上げて見せた。この小さな生命は、五十年にして、世界最強の社会主義国にたくましく成長した。そして、プロレタリア階級国家の性格を、徐々に死滅させつつある。敵対的な階級対立を除去することに成功した国家は、階級抑圧の機関から、「全人民国家」になったという。それは、歴史上はじめて成立した社会である。…このようにして、高度に発展した共産主義の社会に近づいて行く」（「十月革命の世界史的意義」、『資本論と現代』、法政大学出版局、1970年、235～6頁）。この歴史認識は、科学的な調査・分析とは無縁な、ソ連の公式見解に従ったプロパガンダの部類と言える。

かような俗説は、但し、1960~70年代に社会主義協会、社会党とその支持者達のみならず、進歩的、左翼的なインテリ、ジャーナリスト、評論家などの圧倒的多数に共有され、大衆的に浸潤している通念であった。

向坂の社会主義社会論は、マルクスやレーニンの所論からその一部を切り取って継ぎ接ぎするご都合主義、スターリン主義ソ連への追従、ソ連「社会主義」の全面美化が顕著である。理論的原則でも、現実分析でも根本的過誤に満ちている。

向坂は社会主義社会の到来を歴史的な必然と説論する。正当だろうか。

マルクスの1880年12月8日付ハインドマンへの手紙に、次の行がある。「私はこの党がイギリスの革命を必然的なものとしてではなく—歴史の先例に従って—起こりうるものと考えているとしかお答えできません。避けることのできない進化が革命に転嫁する場合、それは支配諸階級の責任であるばかりでなく、労働者階級の責任でもあるでしょう」(㉞-397)。

マルクスの考えを理解するには、最先進国イギリスと他の国の違い、社会的自然法則としての資本主義経済法則と党派闘争や階級闘争による革命遂行の政治法則との相異などについての解明も欠かせないが、ここでは歴史的現実の分析に対する将来社会の予測の差異に言及する。

未来は様々な可能性に向かって開かれている。未存の世界の研究には、既存の世界の研究に存する未知の領域よりも遥かに広大に、未知の領域が広がっている。どんなに卓越した未来世界論であっても、然りである。マルクス主義の社会主義社会研究においては、現実に進行する歴史の分析から絶えず成果を汲み取り、目標とする社会の構想を豊かにするとともにそれに達する過程の最善化を図り、進行過程で生起する諸々の変動に弾力的に対応する必要があろう。その意味で、未来社会論は決定論的アプローチではなく、選択に幅のある確率論的アプローチを採用し、未来社会構想を段階を追ってスケール・アップすることを求められるのではないだろうか。

向坂の様に社会主義社会の実現を歴史的な必然として絶対化するのは、歴史観として失当である。

7　三池闘争

向坂の実践面での原点は三池闘争である。

４５年１２月に九州大学に復職した向坂は、４６年に郷里大牟田での文化講演会の講師に招かれたのを機に、三池炭鉱労組の有志と毎週の学習会を始めた。５１年からは三池鉱業所の管理部門で、事務補助者、看護婦、売店販売員などの属する本所支部で学習会を開始した。これを拠点に学習会は他の支部へも広がり、後述の５３年「英雄なき１１３日の闘い」の後本格的になった。５４年頃からは各支部に九大の講師陣による研究会が定着した。

学習会参加者から活動家が生まれ成長して、組合執行部に進出するようになり、三池労組は次第に強化されていった。後に三池労組の指導的幹部となり日本炭鉱労働組合（炭労）、総評、社会主義協会で活躍する灰原茂雄、塚元敦義は、向坂教室で育った代表的な活動家である。

石炭産業は敗戦後経済再興の柱であり朝鮮戦争で特需景気に沸いたが、50年代にエネルギー源の石炭から石油への転換、エネルギー革命に当面した。石炭産業斜陽化が膾炙され、石炭と石油の価格競争や高炭価の問題などの解決は差し迫る課題となった。

53年8月、三井資本のドル箱だった三井鉱山鉱業所も、5738名の首切りを発表した。三井鉱山傘下六つの鉱業所の6組合の連合組織、全国三井炭鉱労働組合連合会（三鉱連）は指名スト、大衆抗議行動、主婦会結成による家族ぐるみの闘いなど、113日間のストライキにより指名解雇を白紙撤回させた。この「英雄なき113日の闘い」の勝利とともに、三池労組では幹部請負闘争から大衆闘争への基本路線が根づいていった。

55年11月に三鉱連は経営参加を要求し、三井鉱山との間に完全雇用と保安優先を経営方針の第一義的課題とし、首切り提案自体を労働組合と協議しておこなわないようにする「長期計画協定」を結んだ。

石炭から石油へのエネルギー革命の時勢を見通して、59年12月に政府の石炭鉱業審議会（会長有沢広巳）は産業合理化案として、石油に対抗して炭価を引き下げて安定供給するための高能率炭鉱への生産集中と非能率炭鉱の閉山などを答申した。人員は63年度までに現在の鉱員約27万人から9～11万人を整理する案であった。

三井鉱山は、59年1月、三鉱連4万人強を対象に6000人の人員整理案（第一次）を提示した。応募者は目標に遠く及ばなかった。そこで、8月に4580人の人員整理案（第二次）を提示した。三池労組約15000人に関しては2210人であった。10月に希望退職を募集した。退職したのは、計1368人で、三池労組では135人だった。

11月、中央労働委員会は、中山斡旋案（希望退職募集続行、満たない場合は協議、まとまらなければ会長裁定）を提示した。会社側は拒否し、組合も拒否した。

三井鉱山は12月に1492人に指名退職を勧告し、勧告に応じなかった三池労組1278人を指名解雇した。組合幹部・活動家約300人を含んでいた。指名解雇者が出て争議になったのは三鉱連6労組中三池だけだった。

三池炭鉱は国内最大で最優良の炭鉱だったし、三池労組は全炭鉱労組において最大にして且つ最強の組合だった。争議は、一般的な石炭産業合理化の人員整理に加えて、特殊個別的な戦闘的労働組合運動潰し、職場に形成された労働者的秩序を切り崩すための生産阻害者＝活動家の首切りの二重、三重の攻撃であり、それに対する反撃の激突となった。

60年1月、三井鉱山鉱業所は三池炭鉱をロック・アウトし、三池労組は無期限ストに突入した。2月の炭労第二四回臨時大会は、資金カンパを決定したが拒否する単組もあり、準備した炭鉱ゼネストは不発だった。

3月、三池労組は分裂し、第二組合が生まれた。第二組合は登録組合員3065名（全従業員の約25％）であった。

第二組合は就労した。会社は第二組合の強行就労を広げ、組合は就労阻止のピケを張って対抗した。三池労組と第二組合の乱闘、集団社宅での小競り合いが続発した。3月末には暴力団がピケ隊を襲撃して組合員を刺殺した。この惨劇は三池労組を奮い立たせた。

同月、生産再開と就労の強行に対して、炭労はゼネストを指令した。だが、「英雄なき113日の闘い」では三鉱連と共闘した三井鉱山社員労働組合連合会（三社連）は、今回は会社側に回っており、炭労から脱退した。三鉱連は指令を返上して闘争から脱落した。総評と炭労執行部が窮地に立たされた三池労組を支える体制を強化した。

三鉱連は炭労に戦術転換を要請し、炭労は中労委に斡旋を申請した。

4月に中労委は藤林斡旋案を出した。指名解雇は撤回し自発的退職とするもので、会社案を実質的にほぼ認めていた。

三池労組は斡旋案を拒否した。炭労第二五回臨時大会も長時間にわたる苦悩の論議の末、中労委斡旋案を拒否した。

会社は福岡地方裁判所に石炭を貯蔵・搬出するホッパー立ち入り処分を申請し、地裁は5月に仮処分を決定した。三池労組はホッパーをピケで押さえた。

4月末に第二組合は4900名（35・5％）になった。三池労組組合員は総評・炭労のカンパ1ヵ月1万円で家族生活を過ごさねばならず、苦しい最低生活に耐えぬくのは並大抵ではなかった。

6月に総評は大牟田で臨時大会を開いた。同月、新安保条約が反対運動の全国的高揚のなかで成立した。

7月、総評は三川坑ホッパー防衛に2万人を動員し、8千人の機動隊と対峙するホッパー決戦の様相となった。岸内閣に替わって登場した池田内閣は中労委に斡旋を要請し、中労委は労使に斡旋案白紙委任の職権斡旋を申し入れた。それに炭労も応じ、ホッパー休戦となった。

8月に中労委は斡旋案を提示した。指名解雇については「やむをえなかったもの」、職場活動については「正常な組合運動の枠を逸脱した事例の在った」、争議における実力行使については「あきらかに常識の域を脱して〔いる〕」（〔 〕内は斡旋案文）とし、会社側の主張をほぼ全面的に認めるものだった。

三池労組は斡旋案を拒否した。8月下旬からの炭労臨時大会は、斡旋案について延々と議論した。休会を挟み、9月初旬に受諾を決定した。総評大会は炭労の方針を承認した。三池労組中央委員会は炭労の決定を確認した。8月に組合員数は三池労組6075名、第二組合6104名に逆転した。

10月に労使は闘争妥結を調印し、11月1日、三池労組は282日間にわたったストの解除、就労を声明し、会社はロック・アウトを解除した。大闘争は労組敗北で終結した。

炭労は9月の臨時大会で石炭政策転換闘争の方針を決定して、62年4月にかけて石炭政策転換要求大行進などを展開した。三池労組は長期抵抗路線を定め、会社と闘い続けて組織を守ることを図った。

会社は闘争中の責任追及として、職場活動家・組合指導者を解雇し三池労組の切り崩し攻撃を強行した。また、平和協定を結んだ新労組に報償金を支給するなど、三池労組に対する差別策を露骨に押し進めた。

59〜60年の三池大闘争に関し、幾つかの問題について考察する。

向坂の三池闘争への関与について。

向坂の関わりは労働者教育だった。60年時点の発言では、「三池では学習活動が言われているが、昨年の暮れから今年の3月中旬までに僕らのやった学習会だけでも、373回という学習会をもっています」（「三池闘争とマルクス主義」、60年3月。『三池と私』、労働大学、1975年、67頁）。長年にわたる学習会の着実な積み重ねは、活動家を養成し組合を強化する効果を明確にもたらした。向坂は組合運動に直接口を挟むことはなかった。組合運動に関わる際には、組合員大衆の闘いに列し、喜怒哀楽を共にした。向坂の社会主義思想が闘争に及ぼした影響については、後に触れる。

三池闘争における政治的党派について。

三池大闘争は向坂教室に焦点をあてるマス・メディアの影響を受け、向坂や社会主義協会中心に捉えられがちである。だが、59年当時、三池労組6支部のなかで最大の組合員（総数16707名中の5273名）を擁し先鋭な職場闘争を展開した三川支部を率いたのは、清水慎三と接する谷端一信支部長ら左派社会党活動家達であった。三池労組の左派として、塚元（本所支部長）・灰原系、谷端系の他に共産党系も存在したし、これら政治的諸派の共同闘争として大闘争の展開を把握する必要がある。

地域ぐるみの闘いについて。

三池労組の強化とともに社会党への三池労組活動家の入党も増大した。大闘争時には大牟田市議会に8人、荒尾市議会にも8人の議員を送りだしていた。大牟田市長は55年選挙で三井化学労組の細谷治嘉が保守派を圧倒して当選、59年再当選した。59年8月と9月に荒尾と大牟田の市議会は三井鉱山の企業整備反対を議決した。社会党中心に革新勢力は地域社会に根を張り、大闘争は地域ぐるみの闘争の面をもっていた

職場闘争について。

炭鉱で働く労働者にとって、保安なくして労働なし、抵抗なくして保安なし、命をまもるには闘わなければならなかった。その最先端を切り拓く意義を三池労組の闘争は担っていた。

「英雄なき113日の闘い」以降、三池労組は生産点で大衆的に資本と真っ向から対決する路線を推し進めた。末端職場分会への交渉・闘争・妥結の三権の委譲、一千項目の職場要求など、ユニークな新戦術も編みだして、職場における職制の労務管理と闘い、保安・賃金・労働条件を改善し、組織を強化した。

職場闘争を積みあげて、職場分会は労動強度を規制し賃金を平等に均すために労働配役を輪番にする権限

や、職場代表者会議が採炭機の行使を規制して生産をコントロールする権限を掌握した（参照　平井陽一『三池争議―戦後労働運動の分水嶺』、ミネルヴァ書房、２０００年、「第二章　労働者的職場秩序の形成」「第四章　職場争議」）。「職制支配を排除し搾取機構の本質に触れる」（三池労組１９５７年度活動方針、平井書、１９２頁）突出した闘いであり、職制の労務管理は麻痺し〝労働者こそ職場の主人公〟であるような状況が生まれた。三井資本はこれを抹殺する労務管理の復権、経営権の貫徹に本腰を入れた。大闘争の争点の核心部であった。

主婦会について。

５３年の「１１３日の闘い」のなかで、従来の家族会・婦人会を改変し社宅生活における世話方制度を廃止して、三池炭鉱主婦協議会を結成した。「貧しさからの解放」（炭婦協のうたの冒頭句）、あるいは借金生活からの脱却を課題に、第一次～第四次の生活革命運動を進めて、家計簿記入、料理講習会、予算生活（子供の小遣い・晩酌の節約）、年末・年始の虚礼廃止、家族会議、学習等々に取り組んだ。

５９～６０年の大闘争では、一万円生活運動、学習運動、主婦だけの決起集会・デモ、主婦会しんぶん発行など、家族ぐるみで三池労組と足並みを揃えて闘った。全国各地へのオルグ活動も受けもった。第二組合が発足すると主婦会も分裂し、衝突は避けられず警察に計４３名が逮捕された（参照　『三池主婦会二〇年』）。

第二組合について。

会社側は早い時期から、生産能率を向上させ労務管理機構の再建を果たすべく、闘争批判勢力を養成し組合を分裂させる工作を用心深く進めていた。対照的に、組合側には「英雄なき１１３日の闘い」以来の組織強化の過信があった。

６０年３月三池労組中央委員会において、闘争批判派が戦術転換を提案して決起した。ストを中止し会社との交渉を再開する、解雇者に関して希望退職をあくまで拒否する者は法廷闘争を行う、拒否者とその家族の生活は組合カンパで守る、全組合員の無記名投票によって是非を決するなど、事態収拾の要求であった。執行部は戦術転換を全面的に拒否した。批判派は中央委員会での採決強行を拒否し退場して、刷新同盟・新労組を結成した。

前述した三社連の炭労からの脱退の他に、三池労組三作支部も三池製作所の三池鉱業からの分離に伴い、59年10月に三池労組から離脱していた。三池労組の孤立は深まり行く状況にあった。第二組合3000人の旗上げによる三池労組の分裂は、大闘争の大きな転換点であった。これを境に、三池労組は攻勢から守勢に転じざるをえなかった。

宮川睦男組合長、灰原書記長ら執行部は、批判勢力を数百名と見込んで過小視し、強気一点張りの対処に終始した。向坂も第二組合の分裂で三池も日鋼室蘭や王子・苫小牧の二の舞になるのではないかの質問に、「日鋼や苫小牧の組合とは質が違う。日頃から徹底的に学習や訓練がされているのだから、少々のことが起こっても微動だにしないだろう」(「『三池』と『安保』を語る」、1960年6月、『三池と私』、99頁)と見込んでいた。

遅くても、3月中央委員会に批判勢力数千人が大挙して押しかけた時点で、第二組合への大衆的な結集を阻止するために柔軟に対処して会社と結託した札付きの幹部を孤立させる策—例えば、話し合いに転じて全組合員の無記名投票は行う—に切り替える方が良かっただろう。また、執行部は批判派に対して組合員への炭労からの生活資金の支給、幹部の権利を停止した。こうした対立する組合員を排撃する対応は、組合民主主義の観点から再考の余地があったろう。

エネルギー革命について。

三池労組、総評は石炭から石油へのエネルギー源転換の冷静な分析と見通しに欠け、〝三井は潰れてもヤマは残る〟など、斜陽産業論への反論に重点を置いたようである。７０年代までの左翼陣営に通有の資本主義は終焉し社会主義の時代が迫っているとの認識に基づいて、その歴史的発展の流れのなかで三池闘争も観ることもあっただろう。

一方、石炭鉱業各社は多かれ少なかれエネルギー革命の深刻な進行を見据えて必死の対応に追われた。５９年９月、住友、三菱、古河などの石炭業界大手１８社は三井支援を決定し、経団連は三井支援を各方面に要請した。

最後に、向坂・社会主義協会の三池大闘争への関与について。

三池大闘争は〝総資本対総労働〟と表現された。労働陣営は現地支援オルグ延べ３０万人、資金カンパ２０億円と言われ、三池労組・総評・炭労が築いた闘争体制は日本労働運動史上最大規模であった。全国から現地に馳せ参じ闘いに参加して数多くの教訓を学び労働者としての自覚を高め、活動家として成長した労働者は多かった。闘争の大きな拡がりや労働組合運動の闘争力の向上に、向坂・社会主義協会や社青同は先陣を切って力を尽くした。その功績は評価される。

反面、その勝利を信じて三池闘争を過度に駆り立てる趨向に嵌りこんだ。

闘争の渦中、向坂の発言では、「われわれは三井資本という敵を追いつめて、ここまで進んで来ました。勝利の見とおしができるところまでやってまいりました。勝利の確信を秘めて、敵陣を見おろしています」（社会主義協会九州支局現地発行の「日刊社会主義」６０年６月２２日付、第６７号、『三池と向坂教室』、２７０頁）。向坂「わが生涯の闘争」（『文芸春秋』６０年７月号）では、「第二組合に走った労働者を我々の戦列に引きもどして、三池労組が怒涛のように前進する日」を想定し「たたかいの後で再び三池労働者が統一されることはきっと成功すると考えていい。第一でも、第二でも労働者は労働者である」（同、38頁）。

争議終結後の向坂「三池の労働者と共に」（『世界』61年3月号）では、「三池労組は、大きな傷手を負ったにちがいない。しかし、三池労組は敗退してはいない」（『三池日記』、至誠堂、1961年、36頁）。不屈の闘争心、不退転の決意とも言えようが、「全地球上にとうとうと音を立てて流れている進歩の潮」（「日刊社会主義」60年8月17日付、第122号　274頁）に託けて、三池労組の力尽きた敗退と待ちうける苦難を蔽い隠すかのようであり、事実に反する楽観主義が強かった。

尤も、向坂の強弁じみた言説は、支持者にとって三池を聖地とする効用があった。

闘争の終結後、「太田―岩井」総評や社会主義協会による〝三池に学べ〟の取り組みは全国に広がった。64年1月三池で「三池に学ぶ会」第一回が開かれ136名の青年が参加、65年1月第二回は210名が参加、年々参加者は増していった（『三池と向坂教室』、362頁）。73年2月の第一〇回「三池に学ぶ会」全国集会には399人の若者が全国から参加し、「三池で学んだ教訓をもとに、三池の火を全国に広げ、搾取のない社会主義社会を目指す闘い」をアピールした（『みいけ』第959号、73年3月1日）。

後述の社会党を強化する会の活動、社会主義協会の運動体への脱皮も、「三池での理論と実践の統一を全国の党組織をはじめとして労組・その他の民主団体におしひろげようとするところから生まれた」（「社会主義協会の性格と任務」、『社会主義協会テーゼ』、298頁）。

しかし、三池労組のおかれた状況は苛酷極まりなかった。

急ピッチの増産の進行下、63年11月、三川坑で炭塵爆発により458人死亡、900人を越すCO中毒の悲惨な大災害が起きた。67年9月に三川鉱坑内火災による7人の死亡者、300人のCO中毒患者、更に84年1月有明鉱火災による83人の死亡、16人のCO中毒の災害が続いた。

三池労組ではＣＯ闘争を機に長期抵抗の闘いの進め方をめぐり社会主義協会系と反協会系の対立が生じ、組合長選挙を争うようになった。６７年に三池労組の組合員は２１５２人に落ちこみ、新労組の６８９９人と大差がついた。向坂の最晩年、８４年３月の三池旧新労組の組合員は、三池労組３３２人、新労組３４６１人だった。

向坂の自信に満ちた言辞とは反対の惨い冷厳な現実が在った。

（註　私事だが、大闘争当時九州地方学生自治会連合委員長の任にあった筆者（大藪）は、三池労組支援で各大学の活動家達と度々現地に入り、通算1ヵ月近く社宅に泊まりこんだ。ホッパー決戦にもヘルメット、手拭いで覆面、ロープでつながるスタイルで加わった。）

8　向坂社会主義協会　俗学マルクス主義と社会党強化

５５〜５８年は、日本マルクス主義の転回の時節であった。左派と右派に分裂した社会党は、５５年１０

月に再統一した。左派社会党の中央執行委員長の座にあった鈴木と右派社会党の書記長を務めてきた浅沼が、それぞれに委員長、書記長に就いた。翌年1月に、山川新党と同時期に社会党から分裂した労働者農民党（主席黒田寿雄）も再合流した。

共産党は55年7月六全協において極左冒険主義軍事闘争の自己批判をおこない、再出発に向け58年7月末～8月初めに第七回党大会を開いた。この間、新左翼の小セクトが次々に共産党から分裂し、共産党系新旧諸党派間の対立抗争が始まった。

社会主義協会では、58年3月山川が逝去し、向坂主導の社会主義協会活動が幕開けした。戦前以来の社会主義運動の名だたる猛者高野、清水の脱退に伴い、向坂の強力な対抗者は不在であった。

こうした転回は、56年2月のソ連共産党第二〇回大会の影響を受けて加速した。スターリン批判とハンガリーなど東欧の動乱の衝撃は、日本の社会主義諸勢力をも走らせた。

日本の政治体制は、いわゆる55年体制を迎えていた。保守政権による逆コースや改憲に対抗して護憲と日米安全保障条約反対を掲げ、左派社会党と右派社会党が社会党を再結党した翌月、11月に自由党と日本民主党が合同して自由民主党が発足した。

55年体制最初の総選挙、58年5月の衆院選挙では、自由党は287議席、社会党は166議席を獲得し、この二政党で定数467議席の96％を占めた。衆参議院選挙における右左両派社会党の議席増大の波は続いていたし、保守・革新の二大政党制の到来が取り沙汰される時勢であった。

この時期の向坂は、マルクス主義研究書として、『社会主義と自由』（文芸春秋新社、1957年）、『マルクス経済学の方法』（岩波書店、1959年）、『私の社会主義』（至誠堂、1961年）、『マルクス伝』（新潮社、1962年）、『マルクス経済学の基本問題』（岩波書店、1962年）を公刊した。このなかの『マルクス伝』

について批評するとともに、大内兵衛の『マルクス・エンゲルス小伝』に言及し、向坂・大内の代表する社会主義協会の思想的性向を明らかにする。

既に「３　『経済学方法論』」「４　「資本主義的蓄積の一般的法則」「５　社会主義革命論」「６　社会主義社会論」において批評したように、向坂のマルクス主義研究はソ連製マルクス主義に準拠している通俗的な俗流論、俗学であった。

それといささか異なり、向坂の随筆は流麗で、筆力豊かに歴史の歩みや身辺の世事と結びつけて社会主義の意味合いを説き、気楽に読ませながら大義について考えさせる鮮やかさがあった。

『マルクス伝』でも、博学多識の蘊蓄を傾けて読者を啓発する手腕を揮っている。深い学殖は、マルクスの時代や社会的環境の広範多岐にして細密な記述によって確認できる。ただ、マルクスを取りまく諸事相の叙述は、マルクスの伝記の核心問題ではなかろう。大著であるにも関わらず、初期マルクスに全頁の過半を割いていることも適切さに欠けよう。

エンゲルスの積極的な理論的寄与の強調も目立つ。「『反デユーリング論』が現われて、マルクス・エンゲルスの世界観が明らかにされ、あらゆる場面において、党の理論的土台が出来た」（３４５頁）。「『家族、私有財産及び国家の起源』は、マルクスがもくろんで果たさなかった仕事を、エンゲルスが大成したもの」（３４７頁）。だが、『家族、私有財産及び国家の起源』の国家論部について言えば、拙稿「エンゲルス国家論の地平」（杉原四郎・降旗節雄・大藪龍介編『エンゲルスと現代』、御茶の水書房、１９９６年、所収）で解明しているように、マルクスの遺言執行の名目にもかかわらずエンゲルスの独自的な国家論であり、欠陥が数多い。

本書『マルクス伝』の随所に向坂の俗学マルクス主義が散りばめられている。「史的唯物論という社会発展の法則の発見と、『資本論』における資本主義運動法則の闡明によって、社会主義は科学となった。マルクス主義とは唯一の科学的な社会主義理論なのである」（180頁）。「資本主義社会と完成された共産主義社会との間には、資本主義社会を支配した社会的原理と精神的諸形態を変革すべき「革命的変化の時期」がある。これに政治上の支配形態も照応していて、この国家形態は「プロレタリアートの革命的転化の時期」と考えられる。レーニンにしたがってこれを社会主義社会の政治形態と名づけてもよい」（333頁）。「マルクスが考えた社会は、既に、地球の三分の一で実現されており、その最も進んだ国は、「人間衛星」を世界の他の国に遥かにさきがけて、飛ばすことができた」（124頁）、等々。

「第十四章　第一インタナショナル」におけるソ連マルクス主義の立場からする史実に反する解釈も、見落とせない。

① 国際労働者協会において「マルクスは真の中心」（319頁）とする。別の機会にも、「第一インタナショナルのロンドンにおかれた総務局も、マルクスを中心としていた」（「若きマルクシストへの手紙」、『社会主義と自由』、文芸春秋新社、1957年、22～3頁）。マルクスの誇大視である。

② フランス支部に関し、「プルードン派は、労働銀行や無償信用等の問題で、いつもマルクス派に対立した」（319頁）。若かりしマルクス、エンゲルスのプルードン批判の復唱であるが、マルクス『フランスの内乱』は生産協同組合や地域分権的連邦制の構想に関してプルードンとの共通性を示す。また、マルクス派をプルードン派を上回る勢力とする。実情は、国際労働者協会フランス支部はプルードン派が牛耳っていたし、コミューン評議会81人のメンバーのうち、国際労働者協会派17人、うちマルクス派はせいぜい2人であった（参照　J・ルージュリ、上村祥二他訳、『一八七一』、ユニテ、1987年）。

③ イギリスの第二次選挙法改正運動に関し、「チャーティズム時代に劣らない大規模な「デモ」がくり

かえされた。その指導力は、インタナショナルの会員たちであった」（３２１頁）。国際労働者協会派の影響はささやかなものであった。

④　パリ・コミューンについて、「社会主義社会の試み」（３２４頁）、「小規模な最初の労働者の国家形態」（同）、「初めて生まれた小社会主義社会の試み」（３２５頁）、「社会主義社会における政治形態、権力を握ったプロレタリアートの政治形態が、社会的に経済的に法律的に何をなすべきもの、いわゆるプロレタリアートの「独裁」の問題を、具体的に明らかにしている」（３２６頁）。これらの説述は、第一に、パリ・コミューンの史実とそれを特定の視角から理論的に抽象したマルクス『フランスの内乱』の叙述を混同している。第二に、社会主義への過渡期社会を社会主義社会と同視している。第三に、パリ・コミューンをプロレタリアート独裁と規定している。

要するに、国際労働者協会の後継者として自らを正統化し権威づけるソ連共産党の俗流論に忠実に従って、向坂はパリ・コミューンを偽造している。

『マルクス伝』の手元の書を見ると、７６年８月２０刷である。売れ行きの良さが表すのは、６０～７０年代の高揚する日本の左翼運動のソ連マルクス主義に同和的な大勢であろう。

向坂と並ぶ社会主義協会の代表である大内兵衛は、進歩的学者の大御所である。彼は向坂『マルクス伝』に誘発されて『マルクス・エンゲルス小伝』（岩波新書、１９６４年）をガイド・ブックとして書き留めた。

本書の平明な語り口は読み易く分かり易い。だが、思想的には向坂マルクス主義の再生産に終始して、６０年代に頂点に達した日本の旧い俗流マルクス主義に依拠し、「社会主義」ソ連を賛美し虚飾する。大内の前著『社会主義はどういう現実か』（岩波新書、１９５６年）も、同様であった。

重複を避けるために書の思想的内容の検討は割愛するとして、以下の導入文から大内の思想性を察知できる。「マルクスはふるくならない」、その証拠として「マルクスの教に従ってソ連ができ、また新しい中国が逞しく成長している。…現に、いまモスクワの大劇場の前にとてつもない大きい立派な花崗岩のマルクスの肖像が立った。また中国でも公の席にはどこにでもマルクス・エンゲルスの肖像がかかっている」（『大内兵衛著作集　第十巻』、岩波書店、1975年、9頁）。向坂『マルクス伝』も、劈頭に「大劇場」前公園のマルクス記念像の写真を飾っている。いかなる偉人であろうと銅像を建てて崇拝を促すのは、とりわけマルクス主義においては邪道である。ソ連圏における偶像崇拝の励行になんの疑問も抱かない二人の目線、感性は異様ではなかろうか。

文中では第二インターの社会民主党の破産を難詰してベルンシュタインらを「ウソのマルクシズム」（165頁）と批判する。ところが、向坂に倣って自らも「ウソのマルクシズム」を多々唱えている。巻末に付された向坂の解説は、『マルクス・エンゲルス小伝』について「すばらしい出来ばえである」（前掲書、690頁）と評する。白々しい仲間褒めである。

大内のマルクス主義研究は、その内容、態度からすると、官学マルクス主義と特徴づけられよう。書店の岩波と旧帝大マルクス主義の共依存関係が築かれ、ソ連の歪な「社会主義」やマルクス主義への好感やあこがれが大衆的に醸しだされてきたことを見過ごしてはならない。

さて、社会主義協会は、56年8月に地方代表者会議を開いた。事実上の第一回大会であり、全国組織への歩みを始めた。

社会党は58年2月に開催した第一四回大会において機構改革に踏みだした。党の再統一は、国会議員層主導で、思想的対立を棚上げし、左右の派閥の均衡と妥協を党運営の基調にしていた。58年度組織活動方針案によると、党員総数は5万6000名、そのうち活動的な党員は1割から2割で、党組織は末端にいくほど弱く、全国の市区町村総数4104に対し支部数は1302にすぎなかった。旬刊2頁建機関紙『社会新報』の配布を確実に受けている党員は69％だった。（中北浩爾「日本社会党の分裂」、山口二郎・石川真澄編『日本社会党』、日本経済評論社、2003年、55〜6頁）。議員中心主義で支部組織は貧弱な逆ピラミッド型の党構造である。5〜6万人の党員で1200万票を獲得するが、集票は総評の組織力に頼っていた。党本部旧左社系書記などの活動家層は党の機構改革、議員中心主義の刷新などを要求する活動に立ちあがった。執行部は大会選出役員を9役から4役に減らすなどの機構改革案を提出した。

58年10月に向坂と太田薫の呼びかけで「社会党を強化する会」が発足した。両人と木原実社会党オルグ団長、岩井総評事務局長は連名で、「社会党が党内に残存している議会主義、日和見主義、大衆追随主義、非行動的性格を克服し、革命の党として脱皮成長するため」の「檄」を発した。

翌月の社会主義協会第二回大会は、代表幹事大内兵衛・向坂の人事、規約と併せて、結束強化と『社会主義』読者拡大の方針を決定した。向坂社会主義協会の正式発足と見做せる。

『社会主義』1958年1月号の向坂「党風確立の基本的諸問題」は、合同した社会党を党内右翼化傾向に抗し、社会主義革命政党として前進させるために、どのような党風を確立すべきかを、5点にわたって論じ提言した。「1　理論と実践を統一すること」（『私の社会主義』、186頁）。「2　階級闘争の政党であること」（194頁）。「3　社会党を働く階級の組織の先頭に立たせること」（199頁）。「4　党運営を闘う態勢につくり上げること」（202頁）。「5　学習は闘いであることを知らなければならぬ」（205頁）。

『社会主義』1958年12月号「正しい綱領、正しい機構」は、社会党の停滞と混迷をめぐって、党の機構にも欠陥があるのは確かだが、それにもまして「たましい」の翳りに原因を求めた。「社会主義政党の「たましい」とは社会主義革命の精神のことである」（同上、214頁）。「機構改革」問題もどんな精神で遂行するかが要である。敗戦後の国内の民主化と国際的な「ヨーロッパとアジアにおける社会主義諸国の存続強化」は「日本における社会主義革命の見通しを立てることを可能にし、社会主義革命党の成立を命じている」（222頁）。このように今日の状況を捉えて、左右両派合同後の社会党は共同戦線党に類似する党に堕し、統一社会党の綱領は無原則の妥協によって成り立っていると批判、社会主義革命の政党を作りあげて正しい綱領の制定へ向かう論議を提唱する。

「社会主義革命の精神」による社会党の強化は、至論であろう。そこには、だが、重大な落し穴が潜在している。その「社会主義」のモデルは、ソ連である。向坂の説くソ連礼賛の「社会主義革命の精神」による社会党の強化は、「収容所群島」、ノメンクラトゥーラなどのソ連の内情が知れ渡ってくると、社会党の衰滅の要因に転じる。

山川没後、向坂は機会あるごとに山川との一体性を押しだし自説の説得を図る。けれども、ソ連の評価は山川の真逆に等しかった。「社会主義革命の精神」も異なるところがあった。

総評は社会党の左翼化を支える実働部隊であった。太田―岩井ラインの総評は、護憲・平和の国民運動の主力となり、議会選挙では社会党に資金を提供し投票を組織し、労働組合幹部を議員に送りこんだ。引き替えに、社会党・議員は総評の政策、労働組合に有利な方針の遂行を図った。

社会党左派と民同左派の相互依存関係を中軸とする「社会党―総評ブロック」は、総評が社会党を支え、護憲に必要な国会三分の一の議席数を確保した意義の反面、社会党は総評にもたれかかり引き回される弊害をもたらした。敗戦直後期に共産党が産別会議を革命を目指す政治活動へ引き回したのとは対照的に、社会党は総評に負ぶさった。

59年9月の社会党第一六回大会は、党の路線に違背する言動をおこなう西尾に対する「社会党を強化する会」や青年部の批判で紛糾した。10月に西尾派は離党し、年明けの1月、西尾派を中心に最右派グループは民主社会党を結成した。衆議院議員40名、参議院議員16名の陣容であった。

55年体制の始まりに、マス・メディアも二大政党時代の到来を喧伝し、二大政党制モードが醸しだされた。しかしながら、55年体制38年間において、前記58年5月の衆議院選挙で得た166議席、議席率35・5%が、社会党史上最高の成績であった。

しかも、54年11月に創価学会を母体に創成の公明党は、56年参議院で国政に進出した。時局は革新政党の多党化へ向かう。

55年体制での保守政党と革新政党との議席占有は終始2対1の比率であり、保守一党優位政党制、二大政党制ならざる「一ヵ二分の一」政党制であった。議会制民主主義であっても、政権移動なき不具的な変形システムであった。

社会党は革新主座の位地にあったとはいえ、国会議席では三分の一の壁を倒頭破れなかった。

9　社会党の停滞低落、社会主義協会の拡充強化

社会党は６０年３月に第一七回臨時大会を開き、５５年の再統一以来委員長の座にあった鈴木は退き、浅沼委員長、江田書記長を選出した。

ところが、１０月に浅沼委員長は右翼青年によって刺殺される衝撃的事件が突発した。党は臨時大会を開いて委員長代理に江田書記長を充て、翌年３月の第二〇回大会において河上丈太郎が委員長に就任した。

６２年１月の社会党第二一回大会は、社会主義へ向かっての路線を定立するために「社会主義理論委員会」を設置した。書記長選挙では江田と佐々木更三が対決し、江田再選となった。

折節、ソ連共産党に距離をおき独自の社会主義路線を追求するイタリア共産党の構造改革論が、５０年代から一部の共産党員達に共鳴されていた。江田（派）も構造改革論を取り入れて社会党を刷新する態勢をとった。

7月、書記長になった江田は、高いアメリカの生活水準、ソ連の徹底した社会保障、イギリスの議会制民主主義、日本の平和憲法を総合する「江田ヴィジョン」を公表した。

１１月の第二二回党大会において、「江田ヴィジョン」に反対して社会党を強化する会、社会党左派などは激しく攻撃し、批判決議が可決されて江田は辞任した。書記長選挙で左派候補を破った成田が後任に就いた。

向坂は『構造改革論〈紹介と批判〉』（至誠堂、１９６１年）、『社会主義革命論：構造改革論を批判する』（東洋経済新報社、１９６１年）を編集し、「構造改革論と社会党の課題」（『社会主義』６１年２月号）、「構造改革論の改良主義的性格」（『社会主義』６２年２月号）、「構造改革は戦略か戦術か」（『社会主義』６２年３月号）などを著して、構造改革論批判の論陣を張った。

どのような社会主義を目指し、どのように進むかの争いであった。

論争の焦点の一つとなった革命の客観的条件の今日的変化に注目すると、構造改革論者は恐慌待望論的な革命論を批判し、現代の国家独占資本主義においては生産関係の部分的変革が可能になっていると主張した。向坂は恐慌や戦争だけでなく、今日では「社会主義世界体制」の強化発展も客観的条件となりうるとし、それを客観的諸条件に加えた。

社会党の組織改革では、６０年１０月、安保闘争と三池闘争の高揚のなかで、社会党青年部を中心にして日本社会主義青年同盟（社青同）が発足した。構造改革論を支持する活動家が執行部を形成した。

６４年２月の第二三回党大会に先立って、成田書記長は党革新の前進のために「日常活動の不足、議員党的体質、労組依存」という欠陥の克服、いわゆる成田三原則を提唱した。

同年１２月の第二四回大会は、社会主義理論委員会「日本における社会主義への道」（以下「社会主義への道」）を綱領にあたるものとして承認した

社会党が政権樹立への第一歩と意気込んだ１９６３年１０月の総選挙で、党は前回比１議席減の１４４議席にとどまった。「社会主義への道」制定後の最初の選挙、１９６７年１月の総選挙では、更に４議席減の１４０議席だった。５０年代の（左右両派）社会党の議会選挙における躍進の時期に高まった二大政党時代の予想や期待に反し、党勢は停滞し微減した。

成田三原則の周知にもかかわらず、社会党の内部改革は遅々として進まなかった。「65年12月、現在の『社会新報』有料購読者は9万0392人で、党員数は5万922人であった」（月刊社会党編集部『日本社会党の三十年』、日本社会党中央本部機関紙局、1977年、529頁）。

66年1月の社会党第二七回大会において、委員長選挙で佐々木が江田に僅少差で勝利し委員長に就任し、執行部は左派中心にシフトした。また、「社会主義へ道」を補強修正し採択した。

60年代後半からは、反戦青年委員会に代表されるように、社青同、民青、新左翼諸セクトなどの青年運動が広がり高揚した。大学闘争も全国の大学で嘗てなく激烈化した。

戦闘的な大衆運動が続発する時局にあって、大衆のなかに根を張っていない、草の根活動をしない、選挙では総評・労働組合に依存する社会党の存在感は薄れた。

日本社会党の特徴的性格として以下の諸点を指摘できる。

① 結党時の戦前無産政党右派、中間派、左派を糾合した或る種の共同戦線党的性格は、民社党の分裂により薄れたものの、社会民主主義者やマルクス主義者が寄り集まり共存する。その点で、社会民主主義とマルクス主義の両面を併有する。英語名を結党時の Social Democratic Party から Socialist Party へ改称したように、右側の民社党（イギリス型社会民主主義政党）、左側の共産党（コミンテルン系共産主義政党）と対抗する社会主義政党である。

② 反保守、非共産であるが、伝来の左翼諸勢力と同様に、ソ連型「社会主義」に同調し、ソ連、中国への親和性が強い。「非武装中立」を謳うも、ソ連陣営と友好関係を築く。

③ 大衆政党ではなく議員政党である。一般的に社会民主主義政党、共産主義政党は、大衆政党の性格を備え、党員の役割は大きい。党指導部は党員大衆の参加する選挙に基づいて形成され、党員は大衆に接して

草の根活動を担い党費によって財政的に党を支える。ところが、社会党は議員中心の政党で、逆ピラミッドの組織構造をなしており、議会主義的体質である。議員中心主義の足腰の弱さを総評とのブロックによって補う。総評は社会党を支えて選挙での票、資金を提供し組合指導者を社会党議員に送り出す。

④　国会議席が示すごとく、大衆の支持は国民の三分の一を越えない。万年野党で自民党歴代政権への反対勢力として存在意義を発揮する。

社会党が改革を手探りするなか、社会主義協会は、61年8月第三回全国総会において、新たな組織拡充と闘争力の向上による社会党の強化に乗りだした。「協会第三回総会以降、協会は思想団体から運動体への脱皮を宣言した」（「社会主義協会の性格と任務」、『社会主義協会テーゼ』、296頁）。「「運動体への脱皮」とは、何よりも協会思想の統一的な確認による思想闘争の組織化であり、また、協会理論と思想を各職場各組合のなかへ組織的に浸透させるということにほかならず、こうした思想闘争を地道につづけ、協会理論によって武装された社会党員を拡大することをつうじて、党の変革を達成していくということにほかならない」（297頁）。

翌年10月の第四回全国総会において、「平和革命論要綱起草」を決定した。この総会で高橋正雄は協会から離脱した。『社会主義』61年10月号への執筆が最後であった。山川亡き後、二本柱の後継者にあると目されていた向坂と高橋は重しが取れてそれぞれに自己の道を進んだ。

64年2月、社青同第四回全国大会は、構造改革派系に替わって社会主義協会系が執行部を掌握し、改憲阻止・反合理化の運動方針を決定した。

社青同と労働大学が社会主義協会発展の基盤になった。『まなぶ』は62年に1万部を突破した。『社会主義』発行部数も64年にに万をはるかにこえた。

学者、総評・社会党幹部に加えて、社青同や労働組合青年活動家が社会主義協会活動に大量参加するにいたった。

64年10月の社会主義協会第六回全国総会は、代表大内・向坂、参与16名、常任議長、事務局長に加え、地方支局、社会党、労働組合、理論戦線、社青同などのグループの中央委員から成る中央委員会を設置し、全国的、全戦線的に組織を拡充した。そのうえに、理論と実践の統一を原則に、殊に労働大学の全国各地での開催、社青同活動家の養成、地方組織の開設に力を入れ、組織力の強化に努めた。

66年2月、社会主義協会第七回大会において、水原輝男事務局長は同人制の運動体への転進・党的機能の強化を提起した。

同年5月の協会第一回中央委員会は「社会主義協会テーゼ」最終案を討議した。向坂の平和革命必然論をめぐって批判的意見が目立ち、向坂は応戦した。

67年6月、社会主義協会第八回大会は、「社会主義協会テーゼ」を万場一致採択した。加えて、規約第二条の修正案「協会は社会主義の理論上、実践上の諸問題の研究、調査を行うと共に、理論と実践の統一に努力し、日本の社会主義運動の正しい発展のために献身する」(『社会主義協会第六回全国総会決定集』)を賛成多数で可決した。

こうした水原事務局長らによる党的な運動体としての強化推進の動向に、向坂は代表の自分を名誉職にまつりあげる作為を覚知し、派閥活動だと拒否して、意表を突く代表辞任を表明、大会場から退席した。

社会主義協会は向坂派と水原事務局長らの派に分裂した。

しかしながら、向坂派への対抗派は、代表に太田薫(前年に総評議長退任)を担いだように、卓越した指導者不在であり、目論見を実現する理論的、実践的力量は乏しかった。太田派の勢いは次第に衰えてゆき、向坂派協会に拮抗しそれを凌ぐことはできなかった。

向坂を支持するグループは社会主義協会再建に取り組み、６７年１１月に再建大会を開いた。分裂により生じたしたたかな打撃の回復は順調に進み、６８年９月再建第二回大会では「社会主義協会テーゼ」を改めて採択し、６９年１１月第三回大会を開いた。

７０年代初めには、向坂派協会は太田派協会の分裂の痛手から立ち直り、結集する会員と社会党への影響力を増強し、最盛期を迎える。

（註　社会主義協会の分裂と向坂派社会主義協会再建については、石河康國『労農派マルクス主義』、社会評論社、２００８年、下巻、「第二八章　分裂と再建」の記述が詳細である。）

10 「日本における社会主義への道」と「社会主義協会テーゼ」

社会党「社会主義への道」は、冒頭部で現存する「社会主義」諸国の発展拡大と資本主義諸国の閉塞を指摘して、現代を「資本主義から社会主義への移行の時代」（『日本社会党の三十年』、735頁）と位置づける。「1917年のソ連の社会主義革命によって、世界の歴史上にはじめて社会主義国家が樹立されたが、それいらい四十数ヵ年を経た今日においては、東欧、中国、蒙古、朝鮮、北ベトナムを加えて、十三ヵ国、世界人口の三五％が社会主義体制を確立するに至った。…これらの社会主義体制は、…ますますその優位性を示しつつある」（735頁）。対するに、「今や資本主義体制は、世界史的に見てその歴史的使命を終わり、社会主義体制にその席を譲らざるを得ない段階にきている」（同）。

日本についても、社会主義への世界史の流れ、ソ連圏の「社会主義体制」の発展を拠り所に、社会主義革命遠からずを表明する。「史上かつてないほどの急速な発展をとげた日本の国家独占資本主義〔は〕…資本主義最後の段階であり、社会主義の前夜であるということができる」（736頁）。

日本における社会主義革命は、民主主義な多数派による議会を通じての平和革命である。その歴史的、現実的な根拠に関し、「第三章　議会制民主主義とわが党の闘い」を設けて、「ブルジョア民主主義と議会制民主主義」（756頁）、「日本の議会制民主主義の現状とわれわれの闘い」（757頁）を説示する。

「労働者階級を中核とし、労農提携を中心とする広範な勤労諸階層の反独占闘争とその闘争を通じて結集される国民戦線を基盤として、議会の内外において民主的多数派を獲得し、議会を通じてすべての権力をわれわれの手に握らなければならないであろう。その過程で社会党政権の段階から安定した社会主義政権に移行する」（744頁）。

経済構造の変革に関して、「主要な生産手段の公有化と計画経済」（740頁）、「基幹産業の公有化と中小企業及び農業の協同化ならびに計画生産」（741頁）の目標の簡単な提示にとどまっている。

福祉国家については、「福祉国家論批判」（739頁）の項を設け、資本主義体制の延命策としてこれを排する。日本の福祉国家は、1973年に自民党田中内閣の老人医療無料化や年金制度改革により〝福祉元年〟を迎えるのだが、社会党の立ち位置は福祉国家建設に取り組む自民党の後塵を拝する。

対外路線では、積極中立を謳い、日米安保条約廃棄（日米軍事同盟解消）、自衛隊改組を掲げる。「積極中立の当面せる課題は、何よりもまず日米安保条約を廃棄して、軍事基地を日本本土や撤去させ、自衛隊を国民警察隊及び平和国土建設隊に改編するとともに、アジア、太平洋地域の非核武装地帯の設定を目ざすことである」（770頁）。

外交政策と国際連帯に関して、「社会主義インター〔に〕最大かつ有力である多くの労働者階級の政党が加盟しており、世界の社会主義運動において重要な役割を果たしていることを重視し、これと連携してゆく」（771～2頁）。それとともに、「ソ連、中国、東欧等社会主義諸国は、こんにち世界の平和と社会的進歩の運動の大きな砦となっているだけでなく、社会主義の政治経済体制を建設しているという点で、…平和と社会主義の勢力として平和五原則の精神にのっとりつつ十分な連携を保ってゆく」（772頁）。社会主義インターナショナル―1951年創設の社会民主主義や民主社会主義を掲げる政党の国際組織―との連携の一方、ソ連陣営を「平和と社会主義の勢力」に位置づけて友好勢力扱いする。

その後、「社会主義への道」は、66年1月の第二七回党大会で社会主義協会系のプロレタリア独裁を含む補強修正提案を受け入れ、「日本における社会主義建設のための階級支配は、武力革命をおこなったソ連や中国と異なるが、それはプロレタリア独裁の本質における相異ではなく、機能のあらわれ、形態の相異である」（『日本社会党の三十年』、533頁）と追記する。

続いて、「社会主義協会テーゼ」を検討する。

社会主義協会は66年2月、「マルクス・レーニン主義の旗の下に」をスローガンに第七回大会を開催した。「マルクス＝レーニン主義」は、スターリン『レーニン主義の基礎について』（1924年）での提唱に由来する。爾来、スターリンは「マルクス＝レーニン主義」の名辞で自らの独自のマルクス主義を指し示しつつ、1920年代末からソ連共産党を領導し、「上からの革命」を通じて建設した社会・国家体制を社会主義として宣言した。「マルクス・レーニン主義」への立脚は、向坂率いる社会主義協会の親スターリン主義的性格の濃化を表徴する。

その社会主義協会は、68年に理論と実践の指針として「社会主義協会テーゼ」を作定した。「社会主義協会は、マルクス・レーニン主義を、日本の歴史に具体的に適用し、日本における社会主義革命を達成することを、その使命と考えていた」（『社会主義協会テーゼ』、12頁）。「われわれの理論と実践の土台」は「マルクス、エンゲルスおよびレーニンによって完成された世界観またはマルクス・レーニン主義とよぶ理論体系」（1頁）と明示する。

社会主義協会の性格と任務については、「世界の平和と日本の社会主義革命を達成するため、理論的・実践的な研究・調査・討議を行ない、日本社会党、労働組合、農民組合、社青同、日本婦人会議等の階級的強化を任務とする科学的社会主義者、マルクス・レーニン主義者の集団である」（99頁）と規定する。60

年代に社会主義協会は、理論研究集団にとどまらず実践運動集団にも進展し、組織の顕著な拡充強化を達成していた。

「社会主義協会テーゼ」は、世界情勢の基本的特徴から始まる。「第一次世界大戦とロシア革命の歴史的事実は、われわれの時代が、相対立する二つの世界体制の闘争の時代であり、社会主義革命の時代であり、民族解放革命の時代であること、帝国主義が崩壊し、植民地体制が一掃され、社会主義と共産主義が、全世界的規模で勝利する時代であることを具体的に示している」（20頁）。

「社会主義世界体制の発展」（同）として、「『社会主義革命を達成してはやくも半世紀を経過したソ連は社会主義世界体制の要として強力な政治・経済体制をつくりあげた」（21頁）、「朝鮮民主主義人民共和国の社会主義建設も成功をおさめており、南朝鮮の貧困と混乱に対して社会主義の優位をみごとに証明している」（23頁）など、「社会主義」諸国を手放しで礼賛する。

資本主義から社会主義への移行の世界史的必然性であり、それを押し留めることはできない。「世界史は、その歴史的必然にしたがって、あきらかに社会主義勝利の方向にむかっている」（同）。「こんにち、社会主義の世界体制は、全地球の四分の一を蔽うている。その生産力、その経済生活の発展は、まもなく帝国主義諸国の最高水準をこえるであろう」（78頁）。

かくて「テーゼ」は揚言する、「かがやかしい未来へ！」（38頁）。

「社会主義への道」と同様に、「社会主義協会テーゼ」の世界史の展望やソ連圏「社会主義」の帝国主義に対する勝利の見通しは、4半世紀後には過誤が明白となる見事な錯認であった。

如上の世界史やソ連圏「社会主義」の考察に、日本の社会主義革命は迫り来ているという観測が密接に連動する。

向坂によると、「いわゆる平和革命は、先にのべた国際情勢と国内に民主的代表機関に権力を集中する歴史的条件が存在することから生まれる。これらの条件の存するかぎり、国家権力の平和的移行は法則性をもっている。歴史的必然となっている」(「ブルジョア国家権力の平和的移行の問題」、『大系国家独占資本主義⑧』、232頁)。日本における社会主義革命は、国会を通じての国家権力の平和的移行の形態をとる。その平和革命の必然性は、国際情勢におけるソ連を筆頭にする「社会主義世界体制」の躍進ならびに国内における「民主的代表機関」への権力集中を歴史的条件としている。

社会主義的変革の諸問題に移る。

資本の支配、戦争政策、憲法改悪などに反対する闘争を通じて、広範な「反独占、民主主義擁護、反帝国主義戦争の統一戦線」(84頁)を形成し、一定の客観的情勢において「統一戦線政府を樹立」(85頁)する。この「過渡期の統一戦線政府」(92頁)の下で民主主義を徹底的に拡充して「革命的社会主義政権」(75頁)に発展転化させる。

「革命的社会主義政権」の樹立は、社会主義革命の第一段階である。「革命的社会主義政権は、現行憲法を改正する。そして、生産手段を、原則として国有または公有にし、生産、交通、通信および商業・金融機関を国営または公営にする」(76頁)。国家所有、国家経営を基軸とするソ連流の社会主義経済建設路線の踏襲である。「また革命的社会主義政権は、直ちに、行政、司法、教育などの諸機関を掌握し、あるいは廃棄しなければならない」(同)。国家諸機関を改廃する。ここに挙げていない軍事機関に関しては、後述の「社会主義的軍隊」に改編する。「新聞、雑誌、出版、放送などの機構を、新しい社会秩序にそって、指導しなければならない」(同)。マス・メディアを統導する。

「革命的社会主義政権」は、革命の成否を決するほど極めて大きい役割を担う。

「以上のような任務をはたしうる革命的社会主義政権は、プロレタリア独裁である」（77頁）。平和革命だが、政権はプロレタリア独裁をおこなう。「この独裁は、ブルジョア民主主義という形態でおこなわれる少数者のブルジョア独裁よりも、はるかに広範に拡充された民主主義である。人口の圧倒的多数の民主主義であるからである」（同）。レーニン由来のプロレタリアート独裁＝民主主義論に則ったプロレタリア独裁を実施する。けれども、「5　社会主義革命論」のなかで批判したように、レーニンのプロレタリアート独裁＝民主主義論の内実は独裁を民主主義に優位させ、むしろブルジョア民主主義よりも非民主主義的であった。

重大な争点として、革命過程において政権交替、殊にブルジョア政権との交替を認めるかどうか。

「「社会主義協会テーゼ」学習のために」では、「共産党のプロレタリア独裁のとらえ方は、…「政府に批判や反対の態度をとる政党をふくめて、すべての政党にたいして、活動の自由が保障され」あるいは「言論・出版・集会・結社の自由は基本的権利として保障され」となっている。これはおかしい」の見解を承けて、向坂は説く。「独占資本の政党を許すということだったら、なんのために革命をやったのかわからなくなる」、「民主主義もまた政治の一定の形態であるというように考えなければならない。そもそも絶対的な自由などというものはない。自由を考えるばあいはかならず制限された自由しかない。どんなばあいでも、すべての人にゆるされる民主主義はない。自由を制限した政治の形態の下でのみ、民主主義ということはありうる」（212〜3頁）。「革命的社会主義政権」の安定化と持続を図るために、反対党勢力の政治活動を制限、抑圧することを当然視する。

10月革命後のボリシェヴィキ＝ソ連共産党の経験を範例に、対立政党の活動を制限、抑圧して、複数政党間での政権交代のない、永続的な「革命的社会主義政権」を思念していることが浮かびあがる。

次の件も重大である。

革命の実現とともに「社会主義世界体制」に加盟して「社会主義的軍隊」をもつ。「われわれは、絶対的非武装中立を考えているわけではなくて、社会主義政権が出来たら、原則として社会主義共同体の一員となるのですから、その時点ではむしろ中立ではなくなる。…社会主義世界体制内部の同盟関係のなかで、その時の情勢いかんによっては、共同の防衛義務をもつことも起こりうる。そのさい社会主義的軍隊をもつことがおこりうる」との意見に応じて、向坂は「そうです。社会主義共同体がなんらかの原因によって危機的状況におちいったばあい、日本の労働者は防衛にあたらないということはできない。それなりの武装が必要になることがあるかもしれない」（２０８頁）。日本の革命が成ったら、非武装中立から「社会主義共同体」に属し新軍隊設置へ反転する。

プロレタリア独裁は国家権力の平和的移行を果たすと説いていても、革命状況の成り行き如何で、レーニンの定義する〝いかなる法律によっても制限されない、直接に暴力に依拠する権力〟の行使に転じる懼れがある。そこに、向坂がプロレタリアート独裁を国家権力の掌握・行使、政治的階級支配に改変しながら、国家暴力の専横な行使をイメージさせる独裁の概念に敢えて固執する意味が秘められれているのかも知れない。いずれにせよ、最終的には軍事力にものをいわせる態勢である。

社会主義革命の主体的な条件の欠如をソ連などの社会主義世界体制の強化や後進国の民族独立運動の発展によって埋めて補う思考が、向坂には存した。第二次大戦後の「東欧人民民主主義革命」（８５頁）に倣う方式である。

「社会主義協会テーゼ」は「日本における社会主義の歴史的必然と、われわれの革命路線の正しさに対する確信」（(２) 頁）を宣明した。けれども、高度の資本主義的発展に達した日本の社会主義的革命についても、まさしく「マルクス・レーニン主義」のソ連モデルであり、実相から乖離する逆コースの展相であった。

「社会主義への道」と「社会主義協会テーゼ」は、地球の三分の一を占めるに達している社会主義体制への歴史的移行の不可避性、日本における平和革命の接近という大綱において共通する。この図式は、総じて左翼陣営に公認されていた。

「社会主義協会テーゼ」は「社会主義への道」と対比すると、一定の相違も有する。その独自性について、注視すべき諸点を列挙する。

①　思想的な土台　社会民主主義と俗流マルクス主義の同居に対し、「マルクス・レーニン主義」。

②　プロレタリア独裁　ソ連などを「プロレタリア独裁社会」（473頁）と記しても日本については未決であるのに対し、日本でもプロレタリア独裁遂行。

③　社会主義社会　「階級対立を解消し社会的平等の実現された社会主義社会」（475頁）に対し、「プロレタリア独裁社会」を「社会主義社会」と同視。

④　日本革命にとっての「社会主義世界体制」の存在意義　「ソ連、中国等強力な社会主義国と隣接していることは、帝国主義の軍事干渉を困難にさせるという意味において、革命にとって有利な条件」（484頁）に対し、「社会主義世界体制が人類社会発展の決定的要因となりつつある」（20頁）。世界情勢は、日本における社会主義革命を有利にする客観的条件となる。しかも、革命の主体的条件との関係では「常に客観的条件が規定的」（91頁）。

⑤　対外政策　社会主義インターナショナの社会主義変革を目ざす勢力との連携、非武装中立主義、ソ連陣営との友好など多方面性—但し、社会主義インターとの交流は主として民社党によっておこなわれた—に対し、「社会主義世界体制」との提携・協調第一。

「社会主義協会テーゼ」は「社会主義への道」に比し、親ソ連的ないし親スターリン主義的性格が顕である。

それが意味するのは、左翼性の徹底に非ず、錯誤の深さである。

11　ソ連讃歌

向坂は「「マルクス・レーニニズム…その正しさは、地球上に社会主義社会として実験ずみである」（「「党風確立の基本的諸問題」再論」、『社会主義』６６年１０月号）と確言する。

例の確信的口調で、彼は述べる。

「ソ連国民は、２０年ぐらいの間に、共産主義社会の技術的物質的な土台をつくり上げうると本気で考えている。…それは、この組織的力をもっているからである。ソ連国民にとって共産主義社会の『ビジョン』は、現実の力を土台にしている」（「社会主義への意思と力」、『エコノミスト』６２年１０月１６日号）。「社会主義国では病院でも学校でもタダだと書いてある。人工衛星でもソ連は世界のどの国にも先がけて発射した」（「三池闘争とマルクス主義」、６３頁）。「ソ連の旅から」の報告では、炭鉱労働者の驚くべき高賃金、学費や医療費はすべてただ、失業者はいない、生活の平均水準でアメリカに追いつき追いこす計画、共産党の約1000万党員の組織された力が社会を支えている（『右傾化に抗して』、26頁）。価値基準はソ連に倣うことにあるかのようだし、ソ連当局の公式見解の引き写しとも言える。

次に、天下の耳目を驚かせた国際的事件についての論評を一目する。

朝鮮戦争の勃発に関して、「朝鮮動乱と再軍備の問題」（『前進』1951年1月号）では、「北朝鮮軍が突如三八度線を突破して南朝鮮に侵入した」（『マルクス主義と民族問題』、板垣書店、1951年、226頁）と、「北朝鮮の南鮮への侵入」（229頁）を批判した。ただ、同時に北朝鮮の後ろ盾のソ連、中国への信頼の弁を忘れなかった。「ソ連や中共が、日本侵入をやるだろうか、ということを考えてみる必要がある。ソ連が、私の考えるような社会主義国であるならば、いかなる幸福も他国民に強制してはならない、というエンゲルスの言葉が守られると考える」（244〜5頁）。「中共やソ連を目標としてなら、目下のところ再軍備を必要としない」（219頁）。

「社会主義と侵略」（『社会主義』1951年7月号）では、朝鮮戦争には一言も触れず、ソ連や中国は侵略し戦争を挑発するとの宣伝に反駁して、社会主義は他民続を抑圧する民族は自らを解放しえないという原理を本旨にすることを説いた。

それから20余年を隔てた74年9月の社会党第四次訪朝団（団長成田委員長）と朝鮮労働党との共同声明は、「日本社会党代表団は、朝鮮人民が敬愛する首領金日成主席の懸命な指導のもとに、主体思想を指導方針として朝鮮労働党のまわりに固く団結し、社会主義建設において大きな飛躍をとげ、祖国の自主的平和統一の闘争において新たな局面を切りひらくなかで、…深く敬意を表した」（日本社会党結成四十周年記念出版刊行委員会編『資料日本社会党四十年史』、日本社会党本部、1985年、1043頁）と発表した。「国連軍」の帽子をかぶった占領軍の南朝鮮からの即時の撤退も求めた。

70年代前半は、向坂・社会主義協会は最盛時であり社会党の政策を左右する勢力となっていた。第四次訪朝団声明は、単なる外交上の儀礼ではなく、向坂の思考に合致していたと思われる。

いま一つ、68年8月、ソ連型「社会主義」から脱けだす道を求めるチェコの民主化運動「プラハの春」を、ワルシャワ条約に基づく「社会主義共同体」の安全保障を名目に、ソ連はポーランド、東ドイツ、ハンガリー、ブルガリアを率い、五ヵ国軍隊を出動させて圧殺した。社会党、民社党、共産党等はソ連を非難し批判したが、向坂は断固として擁護した。

『社会主義』69年1月の向坂「プロレタリア国際主義について」は、ソ連盲従を赤裸々に表出した。「社会主義共同体の一国チェコスロバキアで今日の事情の下で、チェコスロバキア社会主義者が「分離の自由」を主張することは、反動的、保守的である」。「プロレタリア国際主義者は、チェコスロバキアに軍隊を進駐させて、反革命の軍事援助を未然に防ぐ義務があると感じた。反革命の軍事援助は、チェコスロバキア内に反革命の思想的、物質的組織をつくって開始されていた」。「東欧社会主義共同体が、チェコスロバキアを帝国主義諸国の抑圧と搾取から救った」。

向坂によれば、ソ連軍のチェコ民主化運動の鎮圧は「社会主義共同体」の「プロレタリア国際主義」の発動に他ならなかった。そして、日本における社会主義革命達成の暁にも起こりうる事態であった。「社会党の積極的中立政策は、永世中立の思想ではない。…アメリカとの軍事同盟を破棄させようとする労働者と勤労者階級の対外政策である。…われわれが社会主義革命に成功した場合には、世界社会主義共同体の一員となることは当然である」。「民族国家が、真に「自主独立」の国家であるためには、そしてこの「自主独立」を維持しうるためには、社会主義国家でなければならない。…ソ連との軍事的協力関係なしに「自主独立」

はありえない」。『社会主義協会テーゼ』でも、「ぼくはソ連が大国主義的傾向をもっていたとは考えない。チェコ問題が起こった所以はチェコ内部の問題であるとともに、ソ連圏と言われる社会主義諸国家の共同体制のなかから、チェコをひきはなそうというアメリカや西独のどす黒い意図にこそあった」（169頁）。

暴論に驚かざるをえない。

かような所見によれば、東欧諸国の人民民主主義革命と同様に、ソ連などの「社会主義共同体」軍隊出動の力を借りて日本の革命の達成を全うする事態も想定内ではないか、こう批判しても過言ではなかろう。

ところで、昨今では、向坂・社会主義協会が称揚し全幅の信頼を寄せ続けた「社会主義」主義ソ連の実態について、真相を究明する実証的な研究が進展している。その一端を記す。

ソ連は1929〜33年「上からの革命」の急進的な工業化、農業の全面的な集団化により後進的な農業国から脱し工業国に躍進した。医療や教育、年金制の飛躍的な充実などは顕著な達成であった。それでも、社会主義建設完了宣言の翌年、37年の一人当たりGDPは、アメリカ4，570、ドイツ2，740、ソ連1，440、日本1，330であった（富田武『スターリニズムの統治構造』、岩波書店、1996年、8頁に引用の表2）。一人当たり国民所得は、1位のアメリカ合衆国を100とすると、日本は22位で23・7、ソ連は24位の18・4であった（中村政則「大恐慌と脱出への模索」、歴史学研究会編『講座世界史6　必死の代案』、東京大学出版会、1997年、207頁に引用の表2）。

労働者、農民の大衆は、質の良い消費財の不足が恒常化し、商店での行列の日常化、コネの横行などの生活だった。共産党官僚、国家官僚、労組役員、ソフォーズ議長、高級知識人らのノメンクラトゥーラ階層は、生産手段を私有していないが、党＝国家システムに依拠して住宅、別荘消費財購入、年金、海外旅行などの特権を享受した。労働者と農民の間にも、いわば一等国民と二等国民の差が所在した。最下層には、グラーグ（強制労働収容所管理本部）により工業化や辺境開発に動員されて非人間的な生活を強いられたラーゲリおよびコロニーの収容者達がいた。収容者は常時２００〜３００万人の規模と算出されている（富田武『スターリニズムの統治構造』、２００頁）。

向坂はソ連の評価にあたり、目覚ましい工業的発達に光をあてるのみで、その反面をなす否定的諸相は完全無視した。つまるところ、ソ連当局のプロパガンダに加担して、ソ連を労働者階級解放の社会主義体制と曲飾した。ソ連妄信の病を患っていて、晩年になるにつれて病膏肓に入る感があった。

現在、ソ連「社会主義」とは一体であったのかをめぐって、真実を訊ねて様々な見解が流動し交錯している。立ち入った考察は別稿に回すとして、共産党独裁と生産手段の国家所有とによって政治権力と経済権力を集中して一手に独占した党＝国家支配体制であり、２０世紀の国家化の時代にあって国家独占資本主義を凌ぎ限度を越えてウルトラ国家主義化した体制、社会主義への過渡期とは逆構造の体制であった。

主要生産手段の国家所有化とプロレタリアート独裁によって資本主義とブルジョア民主主義を超出し社会主義への移行路線を定立したレーニン、トロツキーの社会主義建設論は歴史的誤信であり、スターリンの社会主義体制論はマルクス社会主義論考のまったくの虚像であった。

向坂のソ連、東ドイツとの交流関係に転じる。

６１年９月に全ソ労働組合評議会の招待で初めてソ連を訪問した。同行清水慎三と相原茂の協会同人で、約３ヵ月にわたった。

６５年４月にはソ連共産党中央委員会所属マルクス＝レーニン主義研究所とドイツ民主共和国社会主義統一党所属のマルクス＝レーニン主義研究所の招待を受け、社会主義協会幹部５名が同行し、２ヵ月近く滞在した。

６８年5月にドイツ社会主義統一党中央委員会主催の国際学術会議に出席して報告し、７２年5月に東ドイツ、ブルガリア、ソ連を訪問した。

７０年代からは社会主義協会とソ連、東ドイツのマルクス＝レーニン主義研究所は相互招待を実施し、社会主義協会関係の研究者、地方議会、労働大学それぞれの代表団がソ連、東ドイツを訪問した。

ソ連の招待外交は、交通費・滞在費を含む費用はすべてソ連側の負担で、美しい保養地に招き豪華な宿舎で贅沢なパーティを開くなど特別待遇し、〝ソ連の友〟として歓迎するのが通例であった。

社会党に関しても、６４年の第三次訪ソ使節団（団長成田書記長）以降飛躍的に拡大して、青年、婦人、地方活動家、平和運動家、機関紙活動家などが招かれた。

この間、ソ連共産党の旧来の友党日本共産党は６０年代に「自主独立」路線に転じた。社会党は、５９年3月浅沼稲次郎書記長団長の訪中団がアメリカ帝国主義は日中両国人民の共同の敵と共同声明したように、中ソ両大国に引き裂かれ親ソ派と親中派に割れて内訌している状況であった。ソ連が日本に足場を確保するには、社会党内部に親ソ勢力を増強する必要はとみに増大した。これらの事情が、ソ連と社会党や社会主義協会の友好関係強化を促進した。その一環として、社会党は６７年に日ソ友好貿易協会を設立して党系列商社とソ連の貿易で得る資金を党財政の支えにした。

12　社会主義協会、隆盛から閉塞、分解へ

社会党は68年7月の参議院選挙において議席数36から28に減退して、低落傾向を強めた。

9月の社会党第三一回大会は、参院戦敗北の責任をとり勝間田委員長以下執行部は総辞職したが、新役員を選出できず休会した。翌月の再開大会での役員改選をおこない、委員長に無競争で成田、書記長に対立候補者を破り当選した江田を決定した。

翌年おこなわれた党員再登録運動では、党員5万人との公称に反して、再登録したのは3万人にすぎなかった。

同年12月衆議院選挙において、社会党は更に大幅に低落し議席数は140から90になった。

選挙での大敗と組織的危機を克服し党再建へ向け、成田・江田執行部は機関紙『社会新報』活動の強化を提起した。また、党財政再建の一環として、本部と機関紙局の書記の人員整理をおこなった。

70年4月の社会党第三三回大会は、反戦青年委員会に対する育成、強化から離別への方針転換に反対するセクト活動家集団が〝大会粉砕〟を叫んで会場占拠に押しかける異常な情況で開かれた。中間報告と運動方針を原案通り可決し、執行部全員留任となった。反面、運動方針案をめぐり、社会党再建懇談会（江田、勝間田、河野密などの各派の連合）が党はマルクス・レーニン主義政党ではないことの確認を含む修正案を、社会主義協会系がプロレタリア独裁は社会主義建設に欠かせないことを含む修正案を提出し、いずれも否決

された（『日本社会党の三十年』、６１３頁）。両修正案は、社会主義協会の勢力増強と協会抑え込みでの各派の連携とを示した。

７０年１１月、社会党第三四回大会は７０年代に反独占・反自民の国民戦線を形成し国民連合政府を目指すとする理論委員会提出の新中期路線を採択した。合わせて全野党共闘を推進することを決め、江田の推進する社公民路線を斥けた。委員長選挙では成田が江田を破り、書記長選挙では石橋政嗣が勝利した。成田委員長・石橋書記長体制は、７７年１２月まで続く。

社青同は７１年２月に第一〇回定期大会を開き、反戦青年委員会問題などでの混乱に決着をつけ、内部抗争を続けてきた革命的労働者協会と第四インター日本支部に属する同盟員を除名した。この組織再建により、反独占青年運動の長期抵抗・大衆路線を推進して社会党、総評の強化を支える指針を確定し、社会主義協会主導を固めた。

７１年４月の都道府県知事選、横浜と大阪の政令市長選は、東京美濃部知事再選、大阪黒田了一当選、大阪と横浜の市長選も革新が制するなど、革新首長の実現が光った。

７２年６月に、６４年１１月の第一次から第三次まで長期政権の座にあった自民党佐藤栄作首相が引退し、田中角栄内閣に替わった。

７２年１２月の総選挙は、前年の参院選挙の傾向を引き継ぎ、自民党は解散時より２６議席下回り、社会党は解散前の８７議席を３１上回る１１８議席を得て復調傾向を示した。共躍党は躍進し、公民党、民社党は後退した。

７３年２月の社会党第三六回大会は、長い暗いトンネルを抜け出たような雰囲気に包まれ、保革逆転を勝ちとる方向を打ちだし、１０月の社会主義理論委員会の「国民統一綱領」草案は、反自民・反独占国民戦線の形成、政権獲得を展望した。

７４年１２月社会党第三八回大会では、佐々木派から江田派まで、派閥の多くが反社会主義協会で結束し、協会派と反協会派との対立、攻防は熾烈となった。反協会連合に推され江田は副委員長に就いた。

社会主義協会は会員1万数千人、『社会主義』は６万２０００部に達し、社会党内での社会主義協会の組織的進出は著しかった。

中央執行委員について、一例を示すと前記７３年2月社会党第三六回大会では、社会主義協会員は機関紙局長に山本政弘、青少年局長に盛山健治が就いた。協会員は機関紙局長を８５年第五〇回大会まで占め続け、８２年第四七回大会では最多の5ポストを占めた（福永文夫「日本社会党の派閥」、西川知一・河田潤一編『政党派閥』、ミネルヴァ書房、１９９６年、の表「各派ポスト状況」、２７９頁）。

党書記について、「もう一つの日本社会党史　―党中央本部書記局員としてマルクス・レーニン主義の党を追求　細川正氏に聞く」（大原社会問題研究所雑誌№.７１６、２０１８年６月号）の証言によれば、中央本部書記局の社会主義協会員は、７１年から７７年までの間に急増し、７７年の協会規制以後は試験を受けても全く受からなくなったものの、８１年の書記局名簿で１４６名中５２名（機関紙局は６７名中３０名）を占めた。

国会議員について、社会主義協会に属する者は一桁台（最多時で１０名）だった。代表的な議員を挙げると、山本政弘は６３年総選挙で初当選し7期連続の衆議院議員、７２年機関紙局長、石橋委員長の下で副委員長を務めた。高沢寅男は７２年１２月総選挙で当選以降、成田委員長の下で3年間中央執行副委員長、飛鳥田委員長の下でも中央執行副委員長、石橋委員長の下では副書記長であった。

社青同の活躍は、社会党の運動エネルギーの乏しさを補うとともに、青年党員の増大をもたらした。

社会党員に筋金入りは数少ない。大衆への依拠を標榜しながら大衆に密着できないし、内発的な改革力に欠ける。議員達は、特段の良いことも悪いこともせずに、なんとなく時の自民党政権に対する不満・批判の受け皿となっている。そうした党風のなかで、信念と活力を備える社会主義協会員の組織的活動による進出は左程困難ではなかっただろう。社会党内最左派に位地する社会主義協会派が、歴代の中央執行部に及ぼした影響は大きかった。

国際的にソ連「社会主義」の歪な内情が徐々に知れわたり中国文化大革命、チェコ事件など社会主義に幻滅をもたらす事件が続いて、「マルクス＝レーニン主義」イデオロギーが色褪せていくなか、社会主義協会の組織的発展と社会党への影響力強大化は実現した。歴史のアイロニーであろうか。

社会主義協会の隆盛は、総評の路線変更とともに転回する。

７５年に公共企業体等労働組合協議会の国労、動労、全逓などは8日間のストライキ権奪還ストを敢行したが、スト権を奪還できず大量処分され敗北した。これを機に、自民党政府は公労協に攻撃を集中していった。公労協に戦闘的労働組合運動の基盤をおいた総評の弱体化に拍車がかかり、翌年、総評指導部は槙枝元文議長・富塚三夫事務局長に交替した。

振り返ると、６０年代の総評の左翼的浮上の底流では逆流が生まれ強まりつつあった。

日本の労働組合は企業単位に組織化されている。産業別組合も企業別組合の連合体である。ＧＮＰ世界二位の経済的最進国に躍進する過程で、企業主義の支配は労働組合にも浸透し企業による組合の包摂が進行した。既に５４年4月に右派組合のナショナルセンターとして全日本労働組合会議（全労）が発足し、６０年代末から民間では階級的労働運動は衰退し、労使協調的企業組合の潮流が広まった。６４年に民間大企業を基盤とした全日本労働総同盟、国際金属労連日本協議会（ＩＭＦ・ＪＣ）が発足した。更に、労働組合主義を基調に民間先行で労線統一を目指す連絡会議を設置し、単一のナショナルセンター設立へ進みだした。総評の主導力は低下した。

７６年２月に政財界を巻きこんだロッキード事件が発覚し、検察庁の汚職捜査は田中角栄前首相の逮捕、起訴に及んだ。この金権腐敗事件で河野洋平ら６人の自民党国会議員は離党して新自由クラブを結成し、政界再編成の波も起きた。

江田は公明党書記長、民社党副委員長らと中道革新連立政権の樹立を目指す「新しい日本を考える会」を結成した。対抗して社会主義協会の国会議員団は「三月会」を結成した。

１２月の総選挙で、政治腐敗の批判を受けた自民党は初めて単独過半数割れの敗北を喫した。追加公認で過半数は保ったものの与野党伯仲状況となり、政権交替が現実の問題として論議に上った。成田委員長は反自民の全野党政権構想を提唱した。

７７年１月に総評は「社会党強化のための七項目提言」をおこない、７月の全電通大会は社会主義協会・社青同からの組織防衛キャンペーンを決定し、反協会の社会党改革推進を表明した。

社会党の協会対反協会の内紛は激化した。同年２月社会党第四〇回大会において、総評左派と連携し社会主義協会派の提出した江田批判の決議は可決され、江田は副委員長を解任された。因みに、大会代議員５０９名中、概算で社会主義協会系１３１名、反協会系１９８名、中間派１３３名であった（福永文夫「日本社会党の派閥」、２７３〜４頁）。

３月に江田は離党し、社会市民連合を結成した。翌々月、江田は病で急逝した。

７月の参院選敗北の責任をとり成田委員長は辞任した。成田は後任に横浜市長を４期務め革新市長のリーダー的存在で無派閥の飛鳥田一雄を推した。

8月に総評の社会党員協議会は、社会主義協会は理論集団として逸脱する部分を改めるように総評としてなんらかの保証を求めることを決めた。

9月、総評議長槙枝と社会主義協会代表向坂は社会主義協会改革の「合意確認書」に調印した。「社会主義協会の機構・運営について」の主たる事項は、「(1)「社会主義協会テーゼ」は、理論研究集団の「研究綱領」にふさわしいものに改廃する」、「(2) 決議機関（全国大会―中央委員会―支局大会―都道府県支部大会）及び活動方針は廃止する」、「(3) 執行機関は「研究運営委員会」（仮称）の性格に改組する」、「(6) 協会の活動は、その性格からして、理論研究とその成果の提言に留め、党は労働組合の主体性を尊重し、いやしくも介入、干渉にわたる活動はいっさい行わない」（『資料日本社会党四十年史』、1117頁）。社会主義協会を理論研究活動に専念する集団に規制する合意であった。

9月末の社会党第四一回大会は、総評と社会主義協会の合意書を承け、「理論集団を逸脱しているとの満場一致の確認にもとづき、党や労組との関係を正常化する」（1118頁）措置を決定した。また、「社会主義への道」の再検討を決めた。

当大会は、委員長選出を主課題としていたが、大会中に新しい流れの会の3人の国会議員が離党し、飛鳥田が委員長受諾の条件とする全党一致の推薦は崩れ、委員長を選出できず、続開大会を開くことを決めた。大会の中断後、党内各派は相次いで解散した。成田委員長は飛鳥田への説得活動を重ね、12月の続開大会で、飛鳥田は党員による委員長選挙などを条件に委員長に就任した。

78年2月の社会主義協会第一一回全国大会は、「社会主義協会テーゼ」の名称と内容の改正、新規約、機構改革を決定した。

翌月、社会党第四二回定期大会は、運動方針として革新連合政府樹立の基礎づくり推進を満場一致で可決した。5月には、飛鳥田執行部の下に社会主義理論センター（社会主義理論委員会を改組）を設置し、「社会主義への道」の再検討に入った。

79年5月に富塚総評事務局長は、「社会党との新たな協力関係への提言」（『総評新聞』）で「社会党一党支持見直し」を打ちだした。

10月の総選挙において自民党は再び過半数を割りこみ、与野党伯仲が続いた。社会党は前回より16議席減らして敗北し、公明党、民社党、共産党は議席増を果たした。新自由クラブ、社会民主連合を加えると、野党の多党化が顕著になった。

同月、社会党と総評の首脳は弱体化した社会党・総評ブロック再建のため、社会党・公明党・総評ブロック形成を目指す基本構想で合意した。

80年1月に社会党は公明党との連合政権構想に合意し、2月の第四四回大会で承認した。社会主義協会は社公合意を批判する意見書を提出した。

5月社会党提出の大平内閣不信任案は、派閥抗争の激化した自民党から大量の欠席者が出て可決される事態が生じた。翌月の史上初の衆参同日選挙では、選挙期間中に大平首相が突然死し、自民党は圧勝し安定議席を回復した。

80年代に社会党は社公民路線をとった。ところが、公明・民社は社公民路線の一方で自民党との政策協議を重視するようになり、自公民路線も浮上してきた。政界再編成は与野党相乱れて流動的であった。

80年12月社会党第四五回大会で社会主義理論センターは「社会主義への道」を見直した「80年代の内外情勢の展望と社会党の路線」を提出した

82年2月の第四六回党大会で満場一致可決された「80年代の内外情勢の展望と社会党の路線」に織り

こまれている「社会主義への道」の訂正事項のなかから、主要な2点を取りあげる。「社会主義世界体制」について、社会主義諸国の発展的拡大を押し立てた「社会主義への道」に対して、社会主義国がその理念を自ら否定するような現実、社会主義体制の多様化と対立を認める。現代資本主義の基本的性格について、資本主義の歴史的寿命は尽きていると強調した「社会主義への道」に対して、管理通貨制を梃子にした国家の経済システムへの介入により体制的危機を回避し、60年代から高度経済成長を遂げた事態を分析する。党員数は、58，455人、党員の大半は官公労出身（36，224人）であった（出所『改革者』、1982年7月号、森裕城『日本社会党の研究』、木鐸社、2001年、29頁）

更に、9月に社会主義理論センターは「新しい社会の創造―われわれのめざす社会主義の構想」をまとめ、82年12月の第四七回党大会で賛成多数で決定した。

社会党の社会主義協会離れは明確になった。

82年2月の社会主義協会第一五回総会は、代表代行に川口武彦を決めた。向坂は74年2月に軽い脳梗塞で入院し、78年7月二度目の脳梗塞を患い、心身の衰えは明らかになっていた。

社会主義協会内部の対立も表面化した。82年11月に福田豊・鎌倉孝夫編『現代資本主義と社会主義像』（河出書房新社、1982年）が刊行された。その社会主義論に留目すると、「現存社会主義の否定面」（7頁）に眼を開き、「現存社会主義がすでに昔日の輝きを失っているにもかかわらず、社会主義の理念的優位性にすがってリアルに現実をみようとしなかった」（8頁）と反省している。自省は遅きに失したし、77年末の飛鳥田委員長下の社会党の基本路線転換の追求の後追い傾向であった。それに、向坂の硬直した教条主義的なソ連称賛から離反しても、ソ連圏の社会主義体制としての肯定的評価に変わりなかった。

実践上で対立した太田派の分裂に続いて、福田（社会主義協会事務局次長、『社会主義』編集長、法政大学教授）らが理論上の亀裂で向坂グループから分解した。福田、鎌倉ら学者7人は協会の役職を辞任した。

83年1月の社会主義協会第一六回総会では福田・鎌倉編著への批判が噴出した。7月の全国運営委員会は、協会はマルクス・レーニン主義の思想・理論集団、日本における国家権力の平和的移行においてもプロレタリアート独裁が必然的、社会主義世界体制の本質的な優位性など、社会主義協会の基本線を重ねて確認した。

83年6月参議院選挙では、前年11月の自民党総裁選挙に勝って登場し戦後政治の総決算を謳う中曽根康弘首相の自民党は安定多数を確保した。社会党はほぼ現状維持だったが、飛鳥田委員長は4選目の委員長選に出馬しなかった

9月、「ニュー社会党」路線を標榜して石橋正嗣が委員長に就任（無投票当選）した。

10月に世論を沸かせたロッキード事件の裁判で田中元首相に有罪判決が下り、12月総選挙の自民党は過半数を割りこんだ。追加公認をおこなって過半数を辛うじて越える議席を維持し、新自由クラブと院内共同会派を形成した。社会党は5議席増だった。

85年1月に向坂は逝去した。

同月の社会党第四九回大会は、結党四〇周年にあたって「新宣言」の作成を決定した。3月に綱領等基本問題検討委員会による「新宣言」草案の作成作業が始まった。6月にまとめられた草案の理念や基本政策目標は、旧来の社会党になかった斬新さを有していた。ソ連・東欧などの共産主義は党のめざす社会主義とは異質でその方向はとらない、国家所有化政策から距離をおく、階級政党から国民の党への脱皮など、社会主義を目指しつつも社会民主主義への路線転換を指示した。

6月の全国書記長会議では、「新宣言」に関してソ連社会主義の否定的評価や国民政党論に異論が噴出した。

１２月社会党第五〇回大会は、「新宣言」の採択を続開大会に延ばした。総評は「ニュー社会党」の路線を後押しし「新宣言」採択を強く促した。

８６年１月、第五〇回党大会続開大会は「新宣言」を採択した。「社会党綱領」と「社会主義への道」の処理は曖昧であった。

社会党副委員長の山本政広（グループ）は社会主義協会から離脱し、マルクス・レーニン主義から社会民主主義への転換を推進した。また、「時代に生きた社会党と村山連立政権―園田原三氏に聞く（下）」（大原社会問題研究所雑誌№６７６、２０１５年２月号）によると、「新宣言」をめぐって社会党本部書記局機関紙局の社会主義協会員内部に機関中心主義で党の決定を守る意見と党の社会主義思想武装を第一義とする意見との対立が生じた。新宣言採択に協力し賛成した書記局員や地方幹部は協会を離脱し、「新しい社会党を創る会」グループを立ちあげた。

同年６月に中曽根内閣は衆参同時選挙に打ってでて、自民党は圧勝した。社会党は惨敗を喫した。議席数１１３から８６へ大幅減、参議院では２０議席だった。石橋委員長は責任を取って辞任した。

９月の党大会では、無派閥の土井たか子が選挙に勝って委員長に就任した。役員人事で社会主義協会派のポストは０となった。

社会主義協会の隆盛から分解への転落は急激であった。ソ連「社会主義」への心酔、盲信は、ソ連・東欧体制の衰滅によって打ち砕かれた。

向坂の社会主義協会思想・運動は、７０年代後半からの内外情勢の変動につれて内包する不条理が露呈してきて信頼を失い、ソ連・東欧「社会主義」崩壊にとともに虚妄性を覆い隠せなくなった。組織的な分裂が進行した。向坂派は現今では小グループに岐かれて活動を持続しているとはいえ、３０年ほどの活動で破綻をきたしたのである。

13　歴史的功罪

向坂逸郎のイメージは、マルクス主義経済学者にして三池闘争に関与した著名な筋金入り社会主義者である。彼の社会主義理論・実践を検討するにあたり、諸著作や活動の記録・資料を調査し考察して一驚した。

一方で、その理論は、旧帝大教授の肩書はあっても、俗流のソ連マルクス主義そのもので、創造性はまったくと言ってよい程なかった。専攻の経済学研究をはじめとして、心血を注いで創りだした理論的業績は見当たらない。総じてエンゲルス、レーニンを手引きにし基準にしたマルクス主義理論の研究と解説は、ありきたりの通俗マルクス主義の一典型である。ソ連マルクス主義に依拠する俗学にすぎないが、そうであるがゆえに、ソ連共産党とコミンテルンに追従してきた日本の左翼陣営に幅広い影響力を揮った。

他方で、向坂は社会主義協会を率い、かの三池炭鉱労組の闘争に学習指導の面からかかわり、社会党を強化する活動に力を尽くした。その実践的活動は、一心不乱で凄まじい。１９５９～６０年の三池闘争は戦後労働運動の大きな山場の一つであったし、社会党を強化するたゆまざる活動は７０年代には党の進路を左右するにいたった。向坂の社会主義のための闘争の真価は、理論ではなく実践にあると言えよう。

顧みると、戦後日本のマルクス主義社会主義思想・運動はイデオロギー的硬化症状に罹り、後世に承継されるべき成果を遺さず、ソ連の崩壊とともに滅亡を免れなかった。その歴史のなかで、社会党は高度に発達を遂げる資本主義社会と国家に抵抗して最も多くの労働者大衆の支持を集めた第一党であり、代表的な社会主義政党にして革新勢力の主座の位置を占め続けた。向坂率いる社会主義協会の理論的、実践的活動は社会党の左傾化の動力となり、社会党に与えた影響は良くも悪くも大きかった。

向坂・社会主義協会の社会主義思想・運動も、レーニン主義、スターリン主義に牽引された２０世紀マルクス主義の生産手段の国家所有化とプロレタリアート独裁を社会主義的変革の基幹とする根本的過誤を背負っていた。

向坂の理論と実践の基本線の特徴は、以下のように纏められよう。

理論

1、古典理論ではマルクスよりも後期エンゲルスに拠って立つ。

2、レーニン主義を「マルクス主義の正系」に位置づける。

3、マルクス・レーニン主義に立脚。マルクス＝エンゲルス＝レーニン＝スターリン主義であり、内実としてはスターリン主義が活きている。

4、ソ連「社会主義」の賛美。

5、日本革命の戦略として、主要産業の国家所有化とプロレタリア独裁を基柱とする平和革命。

実践

1、社会主義革命の党として社会党を強化する。

2、三池闘争への参与。

3、〈寺子屋〉学習会活動の徹底。

4、講壇社会主義から跳びだす。労働者に密着する言行一致の活動。

5、門弟・弟子の養成と組織的配置

こうした独自的諸特徴は、戦前労農グループに属して以来兄事してきた山川均の逝去後に明確になった。向坂の理論と実践が独特のイズムを形づくったのは、1960年代以降であった。一本道をひたすら直進する活動であった。社会主義協会を拡充するエネルギッシュな活力、全国各地での数多の講演、学習会、24時間社会主義運動とも言える粉骨砕身の活動、理想を追い求めるあくなき献身には、驚嘆すべきものがあった。

しかし、理論的には錯誤がつきまとっていた。端的に、向坂はプロレタリア階級独裁の社会と社会主義社会を等置し、マルクスだけでなく、エンゲルスやレーニンの社会主義論をも捩じ曲げていた。それに対応して、社会主義建設を完了したと公称するスターリン（主義）のソ連を無批判的に称賛した。世界的に騒がれた「ノーメンクラトゥーラ」や「収容所群島」などの否定的諸相については、耳を塞ぎ眼を閉じた。

50年代後半から社会主義協会を背負って立つ向坂の思想・運動はスターリン主義性格を濃化し、労農マルクス主義から「マルクス・レーニン主義」へ転身した。「マルクス・レーニン主義の本流」を自称し、日本共産党と本家を争いさえした。共産党は60年代にソ連、中国の共産党からの「自主独立」路線に転じたので、向坂のソ連、マルクス＝レーニン主義との同和性は一際抜きんでた。向坂のコミンテルンやソ連の礼賛は、戦前の初発から貫かれていて、晩年には狂信的にさえなった。

マルクス主義理論研究に踏みだした戦前の向坂の言明を思い起こせば、「私は爪の垢程にもならない『独創』とかいうものを主張するより、むしろ正しいと信ずる学説の紹介に力める」。真実に迫ろうとするよりも、拠って立つマルクス、エンゲルス、レーニン、スターリンの思想・理論を「科学的社会主義」とし、その解釈的再構成をもって問題の解明とするのは、向坂の研究の終始一貫した特質であった。その解釈主義的な教条の研究での理論的改竄は少なくなかった。

「歴史法則を背負って闘うわれらは不敗です」（「新年にあたって」、1966年1月1日『三池と私』、45頁）。向坂の言説・思想は、概して明快、単純であり、分かり易い。通底しているのは、ソ連礼賛に象徴的なように、対象の一面に固執して全体的な構造を失念する特徴的な傾向である。分かり易さ、一面偏執は考えぬくことの放棄の結末であろう。

向坂はモットーとして〝自分の頭で考える〟を決まり言葉とし用いながら、ソ連のマルクス主義・「社会主義」についてまるっきり実行できなかった。「疑い得る精神」（『疑い得る精神』、高島屋書店、1948年）はどこへいったのだろう。こうも言う。「学ぶものにとっては、「すべては疑いうる」という精神が本質的な重要さをもつ」（『私の社会主義』、29頁）、「批判的精神無くしては学問は存在しない」（30頁）。まさしくそのとおりだが、〝言うは易く行なうは難し〟の俚諺も在る。

今日まで、向坂理論は山川イズムの衣鉢を継いだかのような見方が行きわたってきた。この通説は、しかし、極めて一面的であり、基幹線を見失っている。

向坂自身、山川との理論的異同について、「「社会主義協会テーゼ」学習のために」では、こう語る。「ボリシェビズムの評価」に関し「労農派にはいったときから、こんにちまで山川さんと完全な一致を見ていない、と思う」(『社会主義協会テーゼ』、136頁)。「マルクスの思想の正系のあとつぎがレーニンであることについて、かならずしも一致しないものがあるのではないか」(同)。「マルクスにかえって、そこから出発ことが必要であると山川さんいっていられることにむろん賛成である。ただ、私は…むしろ「マルクスとレーニンに帰って、そこから出発することが必要である」と思う」(137頁)。「私が機会あるごとに述べてきたことだが、レーニンは、マルクスの世界観の正系の嫡子である。レーニンの理論体系を、なにかロシアの特産物にように考えるのは、誤りである」(『わが資本論』、新潮社、1973年、205頁)。

なによりも、社会主義協会第七回大会での「マルクス・レーニン主義」への立脚は、山川イズムとは明確に異なる基本路線の定立であった。目指す社会主義や社会主義革命の基本路線上の山川と向坂の相異は、些少ではなく決定的であった。

社会主義協会の組織づくりの面では、向坂は寺子屋方式の学習会による門下生、門弟の養成に力を注いだ。そして、大学教師、社会党や総評の書記、社青同や労働大学の専従活動家などとして送り出した。若者達の寄宿所や合宿所として広い邸宅を活用し、懇切な指導で就職まで面倒を見た。

師弟関係を軸にした組織づくりは、しかし、特異であり、真っ当さに欠ける弱点を伴っていただろう。真面に勉強すれば、向坂の社会主義革命論・社会主義社会論にマルクスの社会主義論と齟齬し誤りを犯している点の所在する事に気づき、それを適示するのは困難ではあるまい。数多いる門弟、門下生が問題点を指摘ないし是正できなかったのはどうしてだろうか。向坂を威光絶大の先生として尊崇する人士が集まり、亜流集団化していたようである。極端な例として、『マルクス・エンゲルス選集』(新潮社)の「月報 16」の一文「向坂先生とマルクス」で、九大の一教授は向坂夫婦を「日本のマルクスご夫妻」と褒め讃える。尊崇もここまでくると、気味が悪いし、社会主義者集団としては空恐ろしい。

社会主義協会代表の座にある大内、向坂の活動スタイルは、①旧帝国大学の教授ポストと講座制の威光、②ソ連マルクス主義・社会主義の信奉、③外来思想の無批判的な解釈主義的敷衍を特徴として有する。①は、講座派・共産党と共通する。例えば、平野義太郎、山田盛太郎。②は、マルクス主義者、同調者のほぼすべてであり、③は、近現代の日本の社会科学の全般的な傾向である。

戦後大学アカデミズムにおけるマルクス主義的潮流の強さは、欧米諸国と比べて際立っていた。大内、向坂は、平野、山田とともに、代表的体現者であった。「大学の研究室に、マルクス主義の思想が、日本ほど広く入りこんでいる発達した資本主義国は、ヨーロッパ、アメリカにはあるまい。このことが、必ずしもい結果だけをもたらしたわけではない。訓詁学的マルクス主義、観念的マルクス主義のはんらんである。しかし、このことすら、反面、支配階級の抑圧に対する知識人的抵抗でないことはない」(『右傾化に抗して』、212頁)。この向坂の言は、当人にも妥当するのではないか。

向坂がその強化に傾注した社会党は、1945年敗戦直後の結党から96年の社会民主党への転換にいたる半世紀間、国民大衆の支持は高々三分の一にとどまり、一度も三分の一の壁を破れなかった。国会議席数は、衆議院では58年の166が最多、69年の90が最少、参議院では65年の36が最多、77年の27が最少であった。58年を頂点にして退潮へと向かう長期低落傾向だった。

社会党は、戦後混乱期における連立政権を担ったものの、55年体制―「一ヵ二分の一」政党制の政権交替なき自民党一党支配体制―において、万年野党に終始し、単独政権はおろか連立政権さえ樹立するには遥かに遠かった。党是とする平和的な社会主義革命を実現する主体的条件を形成できなかったのだった。議員中心主義の寄り合い所帯の内部では、議員は地位確保第一であり、日常的にボトムアップする活動を欠き、革命や社会主義は真実味に欠ける建て前にすぎない傾向だった。自民党政権に対する反対政党、抵抗政党として存在意義を発揮したものの、政治権力を掌握して掲げる政策・方針の実現に力を尽くす党風は存在しなかった。他政党の関係でも、公明党、民社党、共産党との野党陣営としての結束は容易ではなかった。自民党が公明党、民社党の抱き込みを図ればその吸引力に対抗するのは至難だった。民社党、共産党とはむしろ敵対的な関係が強かった。

対外政策に関して、社会党は日米安保同盟を堅守し強化を図る自民党に対抗し、共産党とともに日米安保条約の廃止を唱えた。「非武装中立」も自民党政権と深いギャップがあった。それに、「中立」を謳いながら、西側資本主義陣営を戦争勢力、東側社会主義陣営を平和勢力と見做して東側諸国と友好関係を築いた。従って、社会党の政権担掌は体制転換への直結を意味し、この点でも国民の多数の選択肢にはなりえなかった。

ソ連「社会主義」の否定的な実情が露わになるにつれ、ソ連に親和的な社会党にとって打撃となった。社会党はソ連の衰退、崩落と符節を合わせるかのように低落を強め、ソ連の消滅の後を追うかのように姿を消した。第二次大戦後に輝かしく持て囃されたフランス共産党も、モスクワの長女と別称される親ソ性格が濃密で、ソ連「社会主義」の倒壊につれて見る影もない程に衰退した。

往々指摘されるように、社会党は社会民主主義の道を進んでいれば、あるいは社会主義協会を抑えた現実的な穏健路線であれば、衰滅を免れただろうか。

それに対する回答は、民社党の社会党にもまして厳しい末路に示されてよう。左翼社会民主主義のみならず右翼社会民主主義も衰滅の危機に陥っている。社会党の後身、社会民主党も弱小化の一途をたどり消滅の危機にある。

日本では何故社会民主主義が発展しなかったのか。社会民主主義政党がオルタナティブ政権を担って社会的、政治的システムの最重要な一角を占めてきたイギリス、ドイツ、フランス、北欧諸国などとの差異は何によるのだろうか。検討すべき別個の課題である。

日本は、驚異的な経済の高度成長を達成し、先進欧米諸国の仲間入りを果たした。日常生活は豊かになり、飢餓や窮乏化からする社会主義革命は現実的根拠を失った。他方で、ソ連、東欧、中国、北朝鮮などの実像が知られてくるにつれ、既存「社会主義」の魅力は消え去った。こうした変動を無視して、旧態依然の階級闘争主義の観念、ソ連称揚の思想を墨守した向坂・社会主義協会の衰退は不可避であった。現代資本主義体制の研究の甘さ、ソ連盲信、「マルクス・レーニン主義」への立脚、これらが自壊の主要成素であった。とりわけ硬直したソ連「社会主義」讃歌の合奏は、向坂・社会主義協会の致命傷であった。

社会主義の歴史的な存在意義は、経済的な生活の享受でも自由、民主主義の行使でも、資本主義が5世紀有余をかけて成就した成果を超え出るところにある。資本主義経済が高度発達を遂げ自由主義的民主主義が定着した先進諸国では、一党独裁で自由・民主主義に欠けていて経済的生活も先進資本主義の水準に達しないソ連型「社会主義」は、革命の決行による体制転換の選択肢となりえない。体制転換は歴史的な前進ではなくむしろ後退である。

１９７０年代には資本主義経済が驚異的な成長をとげ、議会制民主主義も曲りなりに進展した日本においても、ソ連モデルの社会主義革命は経済的にも政治的にも不要であった。ソ連・東欧「社会主義」の否定的実相の相次ぐ露呈、体制の行き詰まり、解体は、ソ連に憧れる大衆的基盤を崩落させ、向坂・社会主義協会の思想・運動の閉塞と分解を招き、それとともに社会党の消滅を招くにいたった。

１００年余りの歴史を刻んだ日本のマルクス主義思想・運動を担う政治的党派として、戦前以来の共産党、戦後の社会党左派、スターリン批判後の左翼諸セクトが存在した。山川ら例外的極小者を除き、すべての党派勢力はレーニン、スターリン、トロツキーのソ連マルクス主義の系統に属しその枠組内で対立し抗争してきた。そして、日本のマルクス主義諸党派が思い定め目指した社会主義は、ソ連・東欧「社会主義」体制の崩壊につれて、多かれ少なかれその虚構性があからさまになり破産に帰した。社会主義協会はその典例であった。60年代後半から悪しき伝統から脱する「自主独立」への自己変革の道を歩みだした共産党については、次篇「日本共産党の光と影」において考察する。

社会主義協会と社会党は命運を共にした。社会主義協会とそれに同和した社会党や総評の左派は、日本資本主義の浮沈とソ連の盛衰の狭間にあって、ソ連「社会主義」に倣った社会主義的変革を志向し、歴史の変転の前に立ち往生し、破産を避けられなかった。

向坂・社会主義協会を含めて、虚妄のソ連「社会主義」像を鼓吹して民衆を誤導したマルクス主義的社会主義諸勢力の罪過は測り知れない。

ソ連・東欧「社会主義」体制倒壊後の日本では、社会主義は嘗てなく信望を喪失し、民衆に見放されて、体制変革の選択肢となりえない深刻な現実にある。現今の日本において喫緊の革命が求められているのは、他ならぬ旧来の社会主義思想・運動でありその担い手である。

著者紹介

大藪龍介（おおやぶ・りゅうすけ）　元福岡教育大学教授

1938 年　福岡県三潴郡大木町生まれ

1961 年　九州大学法学部卒業

1970 年　九州大学大学院法学研究科単位取得退学

単著

『マルクス、エンゲルスの国家論』、現代思潮社、1978 年（2024 年復刊　社会評論社）

『近代国家の起源と構造』、論創社、1983 年

『現代の国家論　レーニン , パシュカーニス , グラムシ , そして " 国家論ルネサンス "』、世界書院、1989 年

『国家と民主主義　ポスト・マルクスの政治理論』、社会評論社、1992 年

『マルクス社会主義像の転換』、御茶の水書房、1996 年

『マルクス派の革命論・再読』、社会評論社、2002 年

『明治維新の新考察　上からのブルジョア革命をめぐって』、社会評論社、2006 年

『明治国家論　近代日本政治体制の原構造』、社会評論社、2010 年

『国家とは何か　議会制民主主義国家本質論綱要』、御茶の水書房、2013 年

『日本のファシズム　昭和戦争期の国家体制をめぐって』、社会評論社、2020 年

『マルクス主義理論のパラダイム転換へ　マルクス・エンゲルス・レーニン国家論の超克』、明石書店、2020 年

共編著

『社会主義像の展相』、加藤哲郎、松富弘志、村岡到共編、世界書院、1993 年

『エンゲルスと現代』、杉原四郎、降旗節雄共編、御茶の水書房、1995 年

『マルクス･カテゴリー事典』、石井伸男、伊藤誠、田畑稔、正木八郎、渡辺憲正共編、青木書店、1998 年

『20 世紀社会主義の意味を問う』、社会主義理論学会編、御茶の水書房、1998 年

『新左翼運動 40 年の光と影』、渡辺一衛、塩川喜信共編、新泉社、1999 年

『アソシエーション革命へ』、田畑稔、白川真澄、松田博共編、社会評論社、2003 年

『21 世紀のマルクス』、伊藤誠、田畑稔共編、新泉社、2019 年

著者ホームページ　マルクス主義理論のパラダイム転換を目指して
https://www5d.biglobe.ne.jp/~oyabu/

検証 日本の社会主義思想・運動 1

Ⅰ 山川イズム 日本におけるマルクス主義創成の苦闘

Ⅱ 向坂逸郎の理論と実践 その功罪

2024 年 11 月 25 日初版第 1 刷発行
著 者／大藪龍介
発行者／松田健二
発行所／株式会社 社会評論社
〒 113-0033 東京都文京区本郷 2-3-10 お茶の水ビル
電話 03（3814）3861 FAX 03（3818）2808
印刷製本／倉敷印刷株式会社